HET PERFECTE KOOKBOEK VOOR EEN VEGANISTISCHE FRITEUSE

100 snelle en gemakkelijke, gezonde maaltijden voor uw Airfryer

WILLEM VERHOEVEN

Auteursrechtmateriaal ©2023

Alle rechten voorbehouden

Geen enkel deel van dit boek mag in welke vorm of op welke manier dan ook worden gebruikt of overgedragen zonder de juiste schriftelijke toestemming van de uitgever en eigenaar van het auteursrecht, met uitzondering van korte citaten die in een recensie worden gebruikt. Dit boek mag niet worden beschouwd als vervanging voor medisch, juridisch of ander professioneel advies.

INHOUDSOPGAVE

INHOUDSOPGAVE **3**
INVOERING **6**
ONTBIJT EN BRUNCH **7**
   1. Gemakkelijke zelfgemaakte muesli 8
   2. Zoete Aardappelhasj 10
   3. Donut gaten 12
   4. Basis ontbijtaardappelen 14
   5. Tempeh en Veggie Scramble 16
   6. Ontbijt(pan)taart 18
   7. Spinazie omelet 20
   8. Tempeh spek 22
   9. Spek- en eiersandwiches 24
   10. Miso-stijl groenten 26
VOORGERECHTEN EN SNACKS **28**
   11. Zoete Aardappelchips uit de Airfryer 29
   12. Boerenkoolchips uit de Airfryer 31
   13. Vissticks uit de Airfryer 33
   14. Appelchips 35
   15. Airfryer Geroosterde Edamame 37
   16. Air-gefrituurde gekruide appels 39
   17. Slider en Bacon Bloody Mary's 41
   18. Plantaardige Loempia's 43
   19. Barbecue-chips 45
   20. Sojakrulfrietjes 47
   21. Gekruide frietjes 49
   22. Jalapeño-poppers 51
   23. Pittige Mac 'n' Cheese-balletjes 53
   24. Gebakken GroentenWontons 56
   25. Pittige sojadipsaus 58
   26. Gebakken Avocado 60
   27. Beany Jackfruit-taquito's 62
   28. Luchtgebakken pretzels 64
   29. Gebakken Tofu Met Pindasaus 67
   30. Gepaneerde Champignons 69
   31. Veganistische vleugels 71
   32. Geroosterde Barbecue Kikkererwten 73
   33. Balsamico Kruidige Tomaten 75
   34. Pastinaak frietjes 77
   35. Buffelbloemkool 79
   36. Kaasachtige Dille Polenta Bites 81

37. Geroosterde Spruitjes 84
38. Geroosterde Eikelpompoen 86
39. Tamari Pompoenzaden 88
40. Uienringen 90
41. Esdoorn-pompoen 92
42. Boerenkool chips 94
43. Gebakken Groene Tomaten 96
44. Aubergine Parmezaanse kaas 98
45. Gemengde Groentenbeignets 100
46. Kaasachtige aardappelpartjes 102
47. Hasselback-aardappelen 104
48. Poutine 106
49. Frietjes van zoete aardappel 108
50. Umami frietjes 110

HOOFDGERECHT _ 112

51. Bieten met Oranje Gremolata 113
52. Zalm met Balsamico Spinazie 115
53. Knoflook-kruid Gebakken Patty Pan Squash 117
54. Champignonsteaks 119
55. Champignon-witte bonenjus 121
56. Boerenkool- en Aardappelnuggets 123
57. Basis luchtgebakken tofu 125
58. Mongoolse Tofu 127
59. Tofu met Sesamkorst 129
60. Sambal Goreng Tempeh 132
61. Tempeh Kabobs 134
62. Gebakken Gigante Bonen 136
63. Persoonlijke pizza's 138
64. Gebakken Hotdogs 140
65. Maïs honden 142
66. Gevulde Gebakken Aardappelen 145
67. Gebakken groene bonen en spek 147
68. Gebakken spaghetti 149
69. Vlees-y-ballen 151
70. Gebakken Seitan in Chick'n-stijl 153
71. Droge Seitanmix 155
72. Chic'n-Fried biefstuk 157
73. Chic'n Pot-taart 160
74. Gebakken Taco's 163
75. Gastronomische gegrilde kaas 165
76. Geroosterde Kikkererwten en Broccoli 167
77. Seitan Fajitas 169
78. Taco salade 171
79. Tempeh Gebakken Rijst 173

80. Sojakrul Kimchee-loempia's 175
81. Lasagne ovenschotel 177
82. Aardappelen, spruiten en sojakrullen 179
83. Calzone 181
84. Gebakken Sushibroodjes 183

BIJGERECHTEN 185

85. Airfryer Bloemkool 186
86. Jicama frietjes 188
87. Plantaardige Kabobs 190
88. Spaghettipompoen 192
89. Komkommer Quinoa Salade 194
90. Limoen Aardappelen 196
91. Aubergines in Aziatische stijl 198
92. Pittige groene bonen in Chinese stijl 200
93. Mix van gekruide aubergines en courgettes 202
94. Gekookte Bok Choy 204

NAGERECHT 206

95. Fruitcrumble 207
96. Fruitgebakzakken 209
97. Gebakken Appels 211
98. Gekarameliseerde topping van fruit en noten 213
99. Gebakken Ginger-O's 215
100. Taquito's met appeltaart 217

CONCLUSIE 219

INVOERING

Welkom bij 'Het ultieme veganistische luchtfrituurkookboek', uw referentie voor 100 snelle, gemakkelijke, gezonde maaltijden die uw luchtfrituurervaring naar een hoger niveau zullen tillen. Dit kookboek is een eerbetoon aan plantaardige verrukkingen en nodigt je uit om de veelzijdigheid en het gemak van de airfryer te ontdekken bij het bereiden van gezonde veganistische maaltijden. Of je nu een doorgewinterde veganistische chef-kok bent of nieuw bent in de plantaardige levensstijl, deze recepten zijn gemaakt om je te inspireren om smaakvolle en voedzame gerechten te creëren met de kracht van je airfryer.

Stel je een keuken voor die gevuld is met de zinderende geluiden van je airfryer, de verleidelijke geur van perfect knapperige groenten en de vreugde om te weten dat je maaltijden maakt die niet alleen heerlijk maar ook voedzaam zijn. "Het perfecte kookboek voor een veganistische friteuse" is meer dan alleen een verzameling recepten; het is een gids om plantaardig koken toegankelijk, efficiënt en ongelooflijk lekker te maken. Of je nu zin hebt in knapperige snacks, stevige hoofdgerechten of verrukkelijke desserts, dit kookboek is jouw paspoort naar veganistische culinaire uitmuntendheid met de magie van de airfryer.

Van klassieke luchtgebakken groenten tot innovatieve plantaardige burgers en schuldvrije desserts: elk recept is een ode aan de gezondheidsbewuste en smaakvolle mogelijkheden die de airfryer in uw keuken brengt. Of je nu voor jezelf, je gezin kookt of gasten ontvangt, deze snelle en gemakkelijke recepten laten de heerlijke wereld van de veganistische, luchtgebakken keuken zien.
Ga met ons mee op een culinair avontuur via "Het perfecte kookboek voor een veganistische friteuse", waarbij elke creatie een bewijs is van de eenvoud, gezondheid en heerlijkheid van plantaardige luchtgebakken lekkernijen. Dus zet je airfryer aan, omarm het gemak van veganistisch koken en laten we duiken in 100 snelle, gemakkelijke, gezonde maaltijden die je smaakpapillen zullen bevredigen en je lichaam zullen voeden.

ONTBIJT EN BRUNCH

1. Gemakkelijke zelfgemaakte muesli

INGREDIËNTEN:
- 2 kopjes (220 g) pecannoten, gehakt
- 1 kop (85 g) kokosnootvervalsingen
- 1 kop (122 g) geschaafde amandelen
- 1 theelepel (2,6 g) kaneel
- 1 eetlepel kokosoliespray (18 g).

INSTRUCTIES:
a) Meng in een grote kom de pecannoten, kokosvlokken, geschaafde amandelen en gemalen kaneel.
b) Licht vernevelen met kokosoliespray, schudden en nogmaals licht vernevelen.
c) Bekleed de mand van de airfryer met bakpapier.
d) Giet het mengsel in het mandje.
e) Kook op 160ºC gedurende 4 minuten, roer en kook nog 3 minuten.

2.Zoete Aardappelhasj

INGREDIËNTEN:
- 450 gram zoete aardappelen
- 1/2 witte ui, in blokjes gesneden
- 3 eetlepels olijfolie
- 1 theelepel gerookte paprikapoeder
- 1/4 theelepel komijn
- 1/3 theelepel gemalen kurkuma
- 1/4 theelepel knoflookzout
- 1 kopje guacamole

INSTRUCTIES:
a) Verwarm het apparaat voor door de AIR FRY-modus gedurende 3 minuten op 325 graden F te selecteren.
b) Selecteer START/PAUZE om het voorverwarmproces te starten.
c) Zodra het voorverwarmen is voltooid, drukt u op START/PAUZE.
d) Schil en snijd de aardappelen in blokjes.
e) Doe de aardappelen nu in een kom en voeg olie, witte uien, komijn, paprika, kurkuma en knoflookzout toe.
f) Doe dit mengsel in de mand van de Airfryer.
g) Zet hem gedurende 10 minuten in de AIRFRY-modus op 390 graden F.
h) Haal vervolgens de mand eruit en schud ze goed.
i) Stel vervolgens de tijd opnieuw in op 15 minuten bij 390 graden F.

3.Donut gaten

INGREDIËNTEN:
- 2 eetlepels koude zuivelvrije boter
- 1/2 kop plus 2 eetlepels kokossuiker, verdeeld
- 1 eetlepel eiervervangerpoeder van het merk Ener-G of uw favoriete veganistische eigeelvervanger
- 2 eetlepels water
- 2 1/4 kopjes ongebleekte bloem voor alle doeleinden
- 1 1/2 theelepel bakpoeder
- 1 theelepel zout
- 1/2 kopje gewone of vanille-zuivelvrije yoghurt
- 1 tot 2 sprieten canola-olie
- 1 theelepel gemalen kaneel

INSTRUCTIES:
a) Meng de boter en een half kopje suiker in een grote kom en meng goed met je handen tot er klontjes ontstaan.
b) Klop in een kleine kom of kopje de eiervervanger met het water. Voeg het toe aan de boter en de suiker en meng goed. Opzij zetten.
c) Meng de bloem, het bakpoeder en het zout in een middelgrote kom.
d) Voeg het bloemmengsel toe aan het botermengsel en meng goed. Vouw de yoghurt erdoor. Meng tot er een deeg ontstaat.
e) Rol stukjes deeg in 18 balletjes van 1 inch en leg ze op een grote bakplaat of stuk bakpapier.
f) Vet de airfryer in met de olie. Verwarm de airfryer gedurende 3 minuten voor op 360 ° F. Breng de donutgaten over naar de mand van de airfryer. Laat 8 minuten koken en schud halverwege de kooktijd.
g) Meng de resterende 2 eetlepels suiker en kaneel op een bord. Rol de hete donutgaten lichtjes in de kaneelsuiker voordat u ze op een bakrek legt om af te koelen.

4. Basis ontbijtaardappelen

INGREDIËNTEN:
- 2 grote rode of roodbruine aardappelen, geschrobd
- 1 kleine gele ui, in halvemaanvormige plakjes gesneden (snijd de ui in de lengte doormidden en snijd vervolgens langs de lijnen van de ui)
- 1 theelepel extra vergine olijfolie of koolzaadolie
- 1/2 theelepel zeezout (optioneel)
- 1/4 theelepel zwarte peper

INSTRUCTIES:

a) Verwarm de airfryer gedurende 3 minuten voor op 360 ° F. Rasp de aardappelen in een keukenmachine of met een kaasrasp, waarbij u de grote gaten gebruikt.

b) Doe de geraspte aardappelen en ui in een middelgrote kom. Voeg de olie, zout (indien gebruikt) en peper toe. Gooi met een tang om te coaten.

c) Breng het over naar de mand van de airfryer. Kook gedurende 12 tot 15 minuten, of tot ze goudbruin zijn, en schud elke 3 minuten. Heet opdienen.

5.Tempeh en Veggie Scramble

INGREDIËNTEN:
- 8 ons tempeh
- 2 teentjes knoflook, fijngehakt
- 1 theelepel gemalen kurkuma
- 1 theelepel gemalen komijn
- 1/2 theelepel chilipoeder
- 1/2 theelepel zwart zout
- 1/4 tot 1/2 kopje natriumarme groentebouillon
- 1 tot 2 spritzes extra vergine olijfolie
- 1 kop grof gesneden cremini-paddenstoelen (of je favoriete paddenstoel)
- 1 kleine rode ui, in vieren gesneden
- 1/2 kop grof gesneden paprika (elke kleur)
- 1/2 kop gesneden kersen- of druiventomaten

INSTRUCTIES:
a) Stoom de tempeh gedurende 10 minuten. (Deze stap is optioneel, maar ik ben een grote fan van het vooraf stomen van tempeh om de marinade te absorberen, de bitterheid te temmen en de textuur een beetje te verzachten.) Snijd de tempeh in 12 gelijke blokjes.
b) Meng de knoflook, kurkuma, komijn, chilipoeder, zwart zout en bouillon in een ondiepe kom. Voeg de gestoomde tempeh toe en marineer minimaal 30 minuten of maximaal een nacht.
c) Spuit de mand van de airfryer in met de olie (of veeg de mand af met olie). Giet de tempeh af en doe deze in het mandje van de airfryer. Voeg de champignons, ui en paprika toe.
d) Kook op 330 ° F gedurende 10 minuten. Voeg de tomaten toe, verhoog het vuur tot 390 ° F en kook nog 3 minuten.
e) Porties: 4
f) Optie zonder olie: laat de olijfolie weg en schud regelmatig om plakken te voorkomen.

6.Ontbijt(pan)taart

INGREDIËNTEN:
- 1/2 kopje ongebleekte bloem voor alle doeleinden
- 2 eetlepels kokossuiker of kristalsuiker
- 1 eetlepel bakpoeder
- 1 tot 2 snufjes zeezout
- 1/2 kopje sojamelk of andere niet-zuivelmelk
- 1 eetlepel appelmoes
- 1/4 theelepel vanille-extract
- 1 tot 2 spritzes extra vergine olijfolie spray

INSTRUCTIES:
a) Meng de bloem, suiker, bakpoeder en zout in een mengkom. Klop langzaam de melk, appelmoes en vanille-extract erdoor.
b) Verwarm de airfryer gedurende 3 minuten voor op 330° F. Vet een springvorm van 20 cm (of een ovenvaste schaal naar keuze) in met de olijfoliespray.
c) Giet het beslag in de voorbereide pan. Kook op 330° F gedurende 10 minuten. Controleer de gaarheid door een tandenstoker in het midden te steken; deze moet er droog uitkomen. Kook indien nodig nog 2 tot 4 minuten.
d) Serveert: 2
e) Optie zonder olie: laat de olijfolie weg en bedek de bakvorm met bakpapier (er mag geen papier zichtbaar zijn).
f) Verdubbel of verdrievoudig dit recept en bewaar het beslag in een luchtdichte verpakking (een glazen pot is geweldig) in de koelkast. De volgende dag ben je er helemaal klaar voor om het weer te maken!

7.Spinazie omelet

INGREDIËNTEN:
- 1 kopje ijskoud water
- 4 eetlepels Follow Your Heart VeganEgg
- 2 eetlepels kikkererwtenmeel
- 1/4 theelepel zwart zout
- 1 theelepel Vegan Magic of DIY "Vegan Magic"
- 1/2 kop fijngehakte rode paprika
- 1/2 kop fijngehakte gele ui
- Vers gemalen zwarte peper
- 2 kopjes los verpakte babyspinazie

INSTRUCTIES:
a) Doe het water, het Vegan Egg, de bloem en het zout in de blender en mix tot een gladde massa. Opzij zetten.
b) Voeg de Vegan Magic toe aan een bakvorm die in je airfryer past. Plaats de bakvorm in de airfryer en verwarm gedurende 3 minuten voor op 390 ° F.
c) Giet het omeletmengsel in de bakvorm en bak gedurende 2 minuten op 390°F. Voeg de paprika en de ui toe, klop ze door het omeletmengsel en kook nog 3 minuten.
d) Pauzeer de machine om de paprika en spinazie aan de omelet toe te voegen. Vouw de omelet dubbel en bak nog 5 minuten op 390°F. In 2 porties gesneden: .

8. Tempeh spek

INGREDIËNTEN:
- 8 ons tempeh
- 2 eetlepels ahornsiroop
- 1 theelepel avocado-olie of extra vergine olijfolie
- 1/2 theelepel veganistische worcestershiresaus, tamari of sojasaus
- 1/8 theelepel vloeibare rook
- 1/2 theelepel cayennepeper

INSTRUCTIES:
a) Stoom de tempeh gedurende 10 minuten. (Deze stap is optioneel, maar om te zien waarom ik het aanbeveel, kijk hier .) Doe de tempeh in een ondiepe kom.
b) Meng in een kleine kom de ahornsiroop, olie, worcestershiresaus, vloeibare rook en cayennepeper en klop tot alles goed gemengd is. Giet de marinade over de tempeh en laat minimaal 1 uur marineren (een nacht is beter).
c) Leg de plakjes tempeh in het mandje van de airfryer. Kook gedurende 10 minuten op 330 ° F. Schud na 5 minuten. Verhoog de hitte tot 390°F en kook 3 minuten langer.
d) Porties: 8 stuks
e) Optie zonder olie: laat de avocado-olie weg.

9.Spek- en eiersandwiches

INGREDIËNTEN:
- 1 (16 ounce) pakket extra stevige tofu
- 1/2 kopje sojamelk
- 1/4 kop plus 2 eetlepels edelgist
- 2 theelepels plus 1 theelepel gemalen kurkuma
- 1 theelepel knoflookpoeder
- 1/2 theelepel zwart zout
- 3 eetlepels ongebleekte bloem voor alle doeleinden
- 1 eetlepel aardappelzetmeel
- 2 tot 4 sprites canola-oliespray
- 4 reepjes Tempeh Bacon of veganistisch spek uit de winkel
- 4 gebakken koekjes of veganistische koekjes uit de winkel

INSTRUCTIES:
a) Giet af en druk de tofu uit.
b) Snij de tofu in 4 gelijke stukken. Snijd vervolgens elk stuk doormidden, zodat je in totaal 8 plakjes krijgt.
c) Klop in een kleine kom de melk, edelgist, kurkuma, knoflookpoeder en zwart zout tot een geheel. Opzij zetten.
d) Meng de bloem en het aardappelzetmeel op een groot bord om te baggeren. Dompel elk stuk tofu in het melkmengsel. Bestrijk vervolgens elk stuk lichtjes met het bloemmengsel.
e) Spuit de mand van de airfryer in met de canola-olie. Plaats de gecoate stukjes tofu in het mandje en spuit de bovenkant van de tofu lichtjes in. Kook op 360 ° F gedurende 6 minuten. Draai de tofuplakken om en bak ze nog 6 minuten. Leg op elk koekje twee tofu-eieren en een stuk vegan spek.
f) Porties: 4
g) Variatie: Gebruik de Spinazie-omelet als alternatief voor de tofu-eieren.
h) Optie zonder olie: Begin de eerste 5 minuten met bakpapier of folie. Zorg ervoor dat je de tofustukjes heel licht bestrijkt met het mengsel van bloem en zetmeel, het kan zijn dat je witte bloemvlekken krijgt in plaats van een gelijkmatige goudbruine buitenkant.

10.Miso-stijl groenten

INGREDIËNTEN:
- 1 eetlepel witte miso
- 2 eetlepels sojasaus
- 2 eetlepels rijstazijn
- 1 theelepel sesamolie (optioneel)
- 2 kopjes fijngehakte wortels
- 2 kopjes broccoliroosjes
- 1/2 kop fijngehakte daikon-radijs

INSTRUCTIES:
a) Meng in een kleine kom de miso, sojasaus, azijn en sesamolie (indien gebruikt). Goed mengen.
b) Meng de wortels, broccoli en daikon in een grote mengkom. Giet het miso-mengsel over de groenten en roer het met een tang zodat het helemaal bedekt is. Verwarm de airfryer gedurende 5 minuten voor op 330 ° F.
c) Doe de groenten in de mand van de airfryer en bak ze 25 minuten, waarbij u elke 5 minuten schudt.

VOORGERECHTEN EN SNACKS

11. Zoete Aardappelchips uit de Airfryer

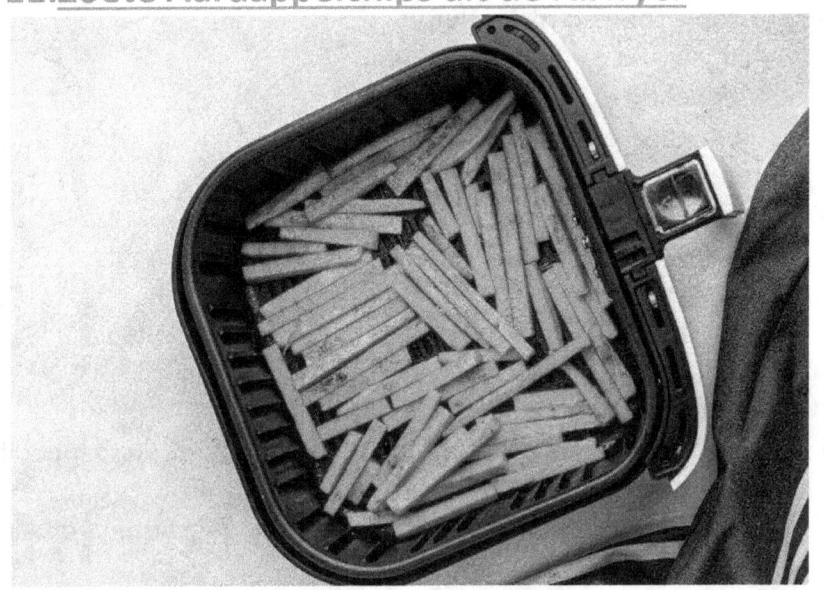

INGREDIËNTEN:
- 1 ½ kopje zoete aardappelen
- 2 middelgrote zoete aardappelen
- 1 eetlepel extra vergine olijfolie
- Er kunnen 2 eetlepels biologische bruine suiker licht of donker worden gebruikt
- 2 theelepels chilipoeder
- 1 theelepel gemalen komijn
- ½ theelepel zout

INSTRUCTIES:
a) Snijd de zoete aardappelen in dunne plakjes.
b) Meng de olie in een kom, zodat elk schijfje zoete aardappel licht bedekt is. Je kunt je handen gebruiken als je wilt.
c) Meng de bruine suiker, chilipoeder, komijn en zout in een kleine kom.
d) Als er tijdens het zitten water uit de zoete aardappelen is gekomen, kun je dat afgieten.
e) Strooi het kruidenmengsel over de zoete aardappelen en schep om, zodat elk plakje kruiden bevat. Ze zijn licht gecoat zoals op de foto hierboven.
f) Leg de zoete aardappelen in een enkele laag in de airfryer, waarbij ze elkaar een klein beetje raken of overlappen. Als u een roerarm in uw airfryer heeft, moet deze worden verwijderd.
g) Frituur het op 180°C (356°F) gedurende 6 tot 9 minuten, afhankelijk van hoe dun je plakjes zijn.
h) Schud de mand halverwege of roer lichtjes om ze van de bodem van de airfryer te verwijderen.
i) Wanneer u klaar bent, verwijdert u de chips in een koelrek en laat u ze afkoelen. Ze worden knapperiger naarmate ze afkoelen.
j) Klaar en eet of bewaar in een luchtdichte verpakking.

12. Boerenkoolchips uit de Airfryer

INGREDIËNTEN:
- 1 partij boerenkool, gewassen en drooggedept
- 2 theelepels olijfolie
- 1 eetlepel edelgist
- ¼ theelepel zeezout
- 1/8 theelepel gemalen zwarte peper

INSTRUCTIES:
a) Verwijder de bladeren van de stengels van de boerenkool en plaats ze in een middelgrote kom.
b) Voeg de olijfolie, edelgist, zout en peper toe. Gebruik je handen om de toppings in de boerenkoolbladeren te masseren.
c) Giet de boerenkool in de mand van uw airfryer en kook op 390 graden F gedurende 67 minuten, of tot ze knapperig zijn.
d) Serveer warm of op kamertemperatuur.

13. Vissticks uit de Airfryer

INGREDIËNTEN:

- 1 pond witte vis, zoals kabeljauw
- ¼ kopje mayonaise
- 2 eetlepels Dijonmosterd
- 2 eetlepels water
- 1 ½ kopjes varkenszwoerdpanko zoals Pork King Good
- ¾ theelepel Cajunkruiden
- Zout en peper naar smaak

INSTRUCTIES:

a) Spuit het airfryerrek in met anti-aanbakspray.
b) Dep de vis droog en snijd hem in staafjes van ongeveer 1 bij 2 centimeter breed.
c) Klop in een kleine, ondiepe kom de mayonaise, mosterd en water door elkaar. Klop in een andere ondiepe kom de varkenszwoerd en de Cajun-kruiden door elkaar.
d) Voeg zout en peper naar smaak toe.
e) Werk met één stuk vis per keer, dompel het mengsel in het mayonaisemengsel en tik het overtollige materiaal eraf.
f) Dompel het mengsel in het varkenszwoerdmengsel en roer het door elkaar. Plaats op het rek van de airfryer.
g) Zet op Air Fry op 400F en bak gedurende 5 minuten, draai de vissticks om met een tang en bak nog eens 5 minuten. Serveer onmiddellijk.

14.Appelchips

INGREDIËNTEN:
- 2 appels, in dunne plakjes gesneden
- 2 theelepels kristalsuiker
- 1/2 theelepel kaneel

INSTRUCTIES:

a) Meng de appel met kaneel en suiker in een grote kom. Werk in batches en plaats de appels in een enkele laag in de mand van de airfryer (enige overlap is oké).

b) Bak op 350 ° gedurende ongeveer 12 minuten en draai elke 4 minuten om.

15. Airfryer Geroosterde Edamame

INGREDIËNTEN:
- 2 kopjes Edamame of bevroren Edamame
- Olijfoliespray
- Knoflook zout

INSTRUCTIES:
a) Doe de edamame in het mandje van de airfryer, deze kan vers of bevroren zijn.
b) Bestrijk met olijfoliespray en een scheutje knoflookzout.
c) Airfryen op 390 graden gedurende 10 minuten.
d) Roer eventueel halverwege de kooktijd door. Voor een knapperige, geroosterde smaak bak je het nog 5 minuten in de lucht.
e) Dienen.

16.A i r-gefrituurde gekruide appels

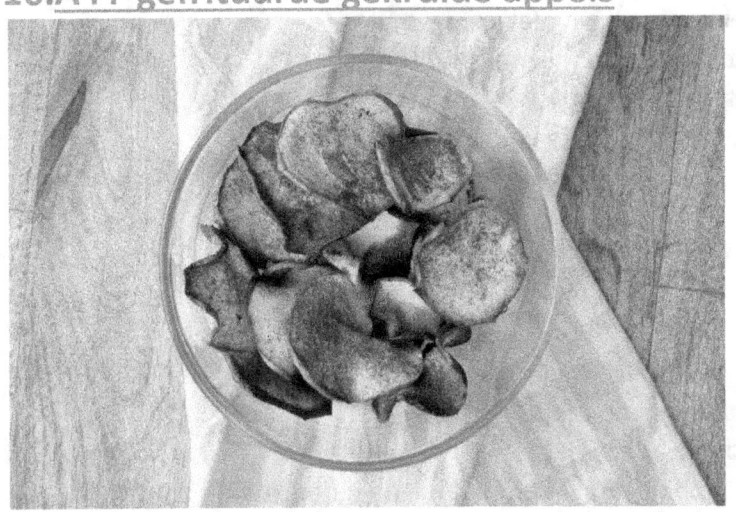

INGREDIËNTEN:
- 4 kleine appels, in plakjes gesneden
- 2 eetlepels kokosolie, gesmolten
- 2 eetlepels suiker
- 1 theelepel appeltaartkruiden

INSTRUCTIES:

a) Doe de appels in een kom. Besprenkel met kokosolie en bestrooi met suiker en appeltaartkruiden. Roer om de appels gelijkmatig te bedekken.

b) Doe de appels in een kleine pan die gemaakt is voor airfryers en plaats die in de mand.

c) Zet de airfryer gedurende 10 minuten op 350°. Prik met een vork in de appels om er zeker van te zijn dat ze gaar zijn.

d) Plaats indien nodig nog eens 3-5 minuten in de airfryer.

17. Slider en Bacon Bloody Mary's

INGREDIËNTEN:

- 2 (1/2-inch dikke) plakjes Gimme magere worst of gebakken Chick'n-Style Seitan
- 2 plakjes Tempeh Bacon of veganistisch spek uit de winkel
- 6 tot 8 ounces veganistische Bloody Mary-mix
- 2 tot 4 ons wodka (optioneel)
- 2 ribben bleekselderij
- 2 veganistische schuifbroodjes
- 2 tot 4 ontpitte groene olijven of partjes limoen (optioneel)
- 2 zoete of dille augurk plakjes of kerstomaatjes (optioneel)

INSTRUCTIES:

a) Leg de worstplakken in het mandje van de airfryer. Voeg het spek toe. Kook op 370 ° F gedurende 6 minuten.

b) Gebruik de Bloody Mary-mix en wodka (indien gebruikt) om je favoriete Bloody Mary voor volwassenen of maagden te mixen. Zorg ervoor dat u een glas gebruikt dat minstens 350 ml vloeistof bevat (een stenen pot is een leuke optie). Voeg aan elk drankje een ribje bleekselderij toe.

c) Leg de gekookte worstjes op de schuifbroodjes en prik ze in met een spies. Als u de olijven en augurken gebruikt, voeg deze dan ook aan de spiesjes toe. Plaats de spiesjes in elk drankje en steun ze op de randen van de glazen. Voeg aan elke Bloody Mary een gekookt spekreepje toe.

18.Plantaardige Loempia's

INGREDIËNTEN:
- 1 tot 2 theelepels koolzaadolie
- 1 kopje geraspte kool
- 1 kop geraspte wortelen
- 1 kopje taugé
- 1/2 kop fijngehakte champignons (elk type)
- 1/2 kopje gesneden lente-uitjes
- 2 theelepels chilipasta
- 1/2 theelepel gemalen gember
- 1/4 kopje natriumarme sojasaus of tamari
- 2 theelepels aardappelzetmeel
- 8 veganistische loempiaverpakkingen

INSTRUCTIES:
a) Verhit de olie in een grote koekenpan op middelhoog vuur. Voeg de kool, wortels, taugé, champignons, lente-uitjes, chilipasta en gember toe. Bak gedurende 3 minuten.
b) Klop in een kleine kom of maatbeker de sojasaus en het aardappelzetmeel door elkaar. Giet dit mengsel in de pan en meng met de groenten.
c) Leg de loempiavelletjes op een werkoppervlak. Bestrijk de randen lichtjes met water. Plaats 1/4 kopje vulling aan het ene uiteinde van de verpakking. Begin de wikkel over de groenten te rollen en stop de uiteinden na de eerste rol in. Herhaal dit proces met de resterende wikkels en vulling.
d) Breng de loempia's over naar de mand van de airfryer. Kook op 360 ° F gedurende 6 minuten en schud halverwege de kooktijd.

19.Barbecue-chips

INGREDIËNTEN:
- 1 grote roodbruine aardappel
- 1 theelepel paprikapoeder
- 1/2 theelepel knoflookzout
- 1/4 theelepel suiker
- 1/4 theelepel uienpoeder
- 1/4 theelepel chipotlepoeder of chilipoeder
- 1/8 theelepel zeezout
- 1/8 theelepel gemalen mosterd
- 1/8 theelepel cayennepeper
- 1 theelepel koolzaadolie
- 1/8 theelepel vloeibare rook

INSTRUCTIES:

a) Was en schil de aardappel. Snijd in dunne plakjes van 1/10 inch; Overweeg het gebruik van een mandolinesnijder of het snijmes in een keukenmachine om consistente plakjes te krijgen.

b) Vul een grote kom met 3 tot 4 kopjes zeer koud water. Doe de aardappelschijfjes in de kom en laat ze 20 minuten weken.

c) Meng in een kleine kom het knoflookzout, de suiker, het uienpoeder, het chipotlepoeder, het zeezout, de mosterd en de cayennepeper.

d) Spoel de aardappelschijfjes af, laat ze uitlekken en dep ze droog met keukenpapier. Breng ze over naar een grote kom. Voeg de olie, de vloeibare rook en het kruidenmengsel toe aan de kom. Gooi om te coaten. Breng de aardappelen over naar de mand van de airfryer.

e) Kook op 390 ° F gedurende 20 minuten. Schud elke 5 minuten om de voortgang in de gaten te houden. Je wilt bruine, maar niet verbrande chips. Eet deze meteen!

20.Sojakrulfrietjes

INGREDIËNTEN:
- 1 kopje droge sojakrullen
- 1 kopje hete veganistische kippenbouillon
- 1/2 theelepel chilipoeder
- 1 theelepel bruine rijstmeel
- 1 theelepel maizena
- 1 theelepel chipotle avocado-olie (of gewone avocado-olie plus 1/2 theelepel chipotle poeder)

INSTRUCTIES:
a) Rehydrateer de sojakrullen in de hete bouillon gedurende 10 minuten. Giet de sojakrullen af en druk ze voorzichtig aan met een tang om het overtollige vocht te verwijderen.
b) Doe de uitgelekte sojakrullen in een grote kom. Voeg het chilipoeder, de bloem, het maizena en de olie toe. Gooi tot het goed bedekt is.
c) Breng de sojakrullen over naar de heteluchtfriteuse en bak ze gedurende 8 minuten op 390°F. Schud halverwege de kooktijd.

21.Gekruide frietjes

INGREDIËNTEN:
- 2 grote roodbruine aardappelen, geschrobd
- 1 eetlepel avocado-olie of extra vergine olijfolie
- 1 theelepel gedroogde dille
- 1 theelepel gedroogde bieslook
- 1 theelepel gedroogde peterselie
- 1 theelepel cayennepeper
- 2 eetlepels kikkererwten-, soja-, boekweit- of gierstmeel

INSTRUCTIES:

a) Snijd de aardappelen in plakjes van 1/4 inch en snijd de plakjes vervolgens in reepjes van 1/4 inch. Doe de frietjes in een grote kom en bedek ze met 3 tot 4 kopjes water. Laat de frietjes 20 minuten weken. Giet af, spoel af en dep droog.

b) Doe de aardappelen terug in de kom. Voeg de avocado-olie, dille, bieslook, peterselie, cayennepeper en bloem toe. Gooi tot het goed bedekt is.

c) Verwarm de airfryer gedurende 3 minuten voor op 390 ° F. Breng de gecoate aardappelen over naar de mand van de airfryer. Kook gedurende 20 minuten en schud halverwege de kooktijd.

22.Jalapeño-poppers

INGREDIËNTEN:
- 8 grote jalapeño's
- 1 kopje zuivelvrije roomkaas
- 1/4 kopje fijngehakte ui
- 1 kopje ongekruide droge broodkruimels
- 2 theelepels gedroogde Mexicaanse oregano
- 1/2 theelepel versgemalen zwarte peper
- 1/2 tot 1 theelepel zout, of naar smaak
- 2 tot 3 spritzes extra vergine olijfolie

INSTRUCTIES:
a) Overweeg bij het bereiden van de jalapeños latexhandschoenen te dragen om irritatie van uw huid te voorkomen. Snijd de jalapeños in de lengte doormidden, volg de ronding van de paprika's. Schep met een kleine lepel of je vingers de zaadjes en het membraan eruit, want deze bevatten de warmte van de jalapeños (laat een paar zaadjes achter als je extra warmte wilt). Zet de gesneden jalapeños opzij.

b) Meng in een kleine kom de roomkaas en de ui.

c) Meng in een middelgrote kom de broodkruimels, Mexicaanse oregano, peper en zout.

d) Vul elke jalapeñohelft met ongeveer 2 theelepels roomkaasmengsel en druk het met je vingers in de holte. Strooi 1 1/2 theelepel van het broodkruimelmengsel over de roomkaas. Druk de broodkruimels in de roomkaas.

e) Bestrijk de mand van de airfryer met de olie. Plaats zoveel jalapeño-poppers in de mand van de airfryer als er passen (het kan zijn dat u in batches moet koken). Bestrijk de bovenkant van de poppers met extra olie (hierdoor worden ze bruin). Kook op 390 ° F gedurende 6 tot 7 minuten, of tot de broodkruimels goudbruin zijn.

23. Pittige Mac 'n' Cheese-balletjes

INGREDIËNTEN:
- 2 3/4 kopjes veganistische kippenbouillon, verdeeld
- 1 kop volkoren fusilli
- 1 eetlepel zuivelvrije boter
- 2 teentjes knoflook, fijngehakt
- 1/4 kop fijngehakte gele ui
- 1/4 kop plus 1 eetlepel kikkererwtenmeel, verdeeld
- 1/4 kopje voedingsgist
- 1 theelepel vers citroensap
- 1/4 kop niet-zuivelversnipperde Daiya Jalapeño Havarti-stijl boerderijblok- of pepperjack-stijl kaas
- 1/4 theelepel zwarte peper
- 2 vlas-eieren of 2 eetlepels Follow Your Heart Vegan Egg of Ener-G Egg Replacer
- 1/2 kopje ijskoud water
- 1/2 kopje droge Italiaanse broodkruimels
- 1 theelepel gerookte paprikapoeder
- 1 theelepel cayennepeper
- 1/4 kop niet-zuivel geraspte Parmezaanse kaas
- 3 tot 4 spritzes extra vergine olijfolie

INSTRUCTIES:

a) Breng in een grote pan 2 1/2 kopjes bouillon aan de kook op middelhoog vuur. Voeg de fusilli toe en kook gedurende 11 minuten.

b) Verhit de boter, knoflook en ui in een kleine pan op middelhoog vuur. Zodra de boter kookt, zet je het vuur laag en laat je het 5 minuten sudderen.

c) Voeg 1 eetlepel kikkererwtenmeel toe aan de boter en klop tot een roux.

d) Giet de gekookte fusilli af en doe ze terug in de grote pan. Giet de roux bij de pasta en roer de edelgist, het citroensap en de kaas erdoor. Voeg zoveel van de resterende 1/4 kop bouillon toe als nodig is voor een romige consistentie. Doe de fusilli in een grote kom, dek af en zet 1 tot 2 uur in de koelkast.

e) Opzetten van 3 baggerstations. Giet de resterende 1/4 kop kikkererwtenmeel in een ondiepe kom. Combineer de lijneieren en het koude water in een tweede ondiepe kom. Combineer de broodkruimels, gerookte paprika en cayennepeper in een derde ondiepe kom. Verwarm de airfryer gedurende 3 minuten voor op 390 ° F.

f) Schep 2 eetlepels van de gekoelde mac 'n' cheese uit en rol tot een bal tot je 8 balletjes hebt gemaakt. Rol elk balletje door het kikkererwtenmeel (schud elk balletje om de overtollige bloem te verwijderen), dompel het balletje vervolgens in het vlasei en bestrijk het balletje ten slotte met het broodkruimmengsel. Leg ze allemaal op een bord of stuk bakpapier totdat alle 8 mac-'n-cheese-balletjes klaar zijn.

g) Breng de ballen over naar de mand van de airfryer. Kook gedurende 8 minuten of tot ze goudbruin zijn.

24. Gebakken GroentenWontons

INGREDIËNTEN:
- 1/4 kop fijngehakte wortelen
- 1/4 kop fijngehakte, extra stevige tofu
- 1/4 kop fijngehakte shiitake-paddenstoelen
- 1/2 kop fijngehakte kool
- 1 eetlepel gehakte knoflook
- 1 theelepel gedroogde gemalen gember
- 1/4 theelepel witte peper
- 2 theelepels sojasaus, verdeeld
- 1 theelepel sesamolie
- 2 theelepels aardappelzetmeel of maizena
- 16 veganistische wontonvellen
- 1 tot 2 spritzes canola-olie of extra vergine olijfolie
- Pittige sojadipsaus

INSTRUCTIES:
a) Meng in een grote kom de wortels, tofu, champignons, kool, knoflook, gember, witte peper en 1 theelepel sojasaus.
b) Meng in een kleine kom de resterende 1 theelepel sojasaus, sesamolie en aardappelzetmeel. Klop tot het zetmeel volledig is gecombineerd. Giet de tofu en de groenten erover en meng goed met je handen.
c) Zet een kommetje met water naast je werkblad om de dumplings te maken. Leg een wontonvelletje plat, bevochtig de zijkanten met water met je vinger en plaats 1 eetlepel vulling in het midden. Trek alle vier de hoeken van de verpakking naar boven en in het midden en knijp ze samen. Leg de wontons in de mand van de airfryer. Herhaal dit proces en maak in totaal 16 wontons. Besprenkel de wontons met de canola-olie. Kook op 360° F gedurende 6 minuten en schud halverwege de kooktijd.
d) Doe de gebakken wontons op een bord en serveer met de dipsaus.

25. Pittige sojadipsaus

INGREDIËNTEN:
- 1 eetlepel natriumarme sojasaus
- 1 theelepel rijstazijn
- 1/2 theelepel chilipasta

INSTRUCTIES:
a)   Meng de sojasaus, azijn en chilipasta in een kleine kom.

26.Gebakken Avocado

INGREDIËNTEN:
- 1/4 kopje ongebleekte bloem voor alle doeleinden
- 1 Vlas-ei
- 1/2 kopje panko-broodkruimels
- 1 theelepel chilipoeder
- 1 rijpe Hass-avocado, ontpit en geschild
- 2 tot 3 spritzes canola-olie of extra vergine olijfolie

INSTRUCTIES:
a) Doe de bloem in een ondiepe schaal. Plaats het lijnei in een tweede ondiepe schaal. Meng in een derde ondiepe schaal de pankobroodkruimels en het chilipoeder.
b) Haal elke avocadohelft door de drie coatingstations: bedek hem met bloem, doop hem in het vlasei en bestrijk hem met de panko-broodkruimels.
c) Bestrijk de mand van de airfryer met de olie. Plaats de gecoate avocadohelften in een enkele laag in de mand van de airfryer. Besprenkel de avocadohelften met olie. Kook op 390° F gedurende 12 minuten.

27.Beany Jackfruit-taquito's

INGREDIËNTEN:
- 1 (14 ounce) blik met water gevulde jackfruit, uitgelekt en gespoeld
- 1 kopje gekookte of ingeblikte rode bonen, uitgelekt en gespoeld
- 1/2 kopje pico de gallo-saus
- 1/4 kopje plus 2 eetlepels water
- 4 (15 cm) maïs- of volkoren tortilla's
- 2 tot 4 spritzes canola-olie of extra vergine olijfolie

INSTRUCTIES:

a) Meng de jackfruit, bonen, pico de gallo en water in een middelgrote pan of snelkookpan. Als je een pan gebruikt, verwarm het jackfruitmengsel dan op middelhoog vuur tot het begint te koken. Zet het vuur laag, dek de pan af en laat 20 tot 25 minuten sudderen. Als u een snelkookpan gebruikt, dek de snelkookpan dan af, breng hem onder druk, kook op lage druk gedurende 3 minuten en gebruik dan een natuurlijke afgifte.

b) Pureer het jackfruitmengsel met een vork of aardappelstamper. Je wilt de jackfruit versnipperen tot een vlezige textuur. Verwarm de airfryer gedurende 3 minuten voor op 370 °F.

c) Leg een tortilla op een werkblad. Schep 1/4 kopje van het jackfruitmengsel op de tortilla. Rol het strak op en duw al het mengsel dat eruit valt terug in de tortilla. Herhaal dit proces om 4 taquito's te maken.

d) Bestrijk de mand van de airfryer met de olie. Bestrijk ook de bovenkant van de tortilla's. Plaats de opgerolde tortilla's in de mand van de airfryer. Kook op 370 °F gedurende 8 minuten.

28. Luchtgebakken pretzels

INGREDIËNTEN:
- 3/4 kopje warm water (110 tot 115 ° F)
- 1 theelepel instantgist
- 1/2 theelepel zout
- 2 theelepels kristalsuiker
- 1 1/2 kopjes ongebleekte bloem voor alle doeleinden, verdeeld, plus meer indien nodig
- 4 1/2 kopjes water
- 1/4 kop zuiveringszout
- 1 1/4 theelepels grof zeezout

INSTRUCTIES:
a) Meng het warme water en de gist in een grote maatbeker. Voeg het zout en de suiker toe en roer tot alles gemengd is.
b) Meng in een middelgrote mengkom 1 kopje bloem met het gistmengsel, roer met een houten lepel. Voeg nog eens 1/4 kop bloem toe en roer tot het deeg niet meer plakkerig is en gemakkelijk te hanteren is.
c) Strooi de resterende 1/4 kopje bloem op een werkoppervlak. Leg het deeg op het werkoppervlak en kneed het gedurende 3 tot 4 minuten. Voeg meer bloem toe als het deeg aan het werkoppervlak of aan je handen blijft plakken.
d) Vorm het deeg na het kneden tot een vierkant van 5 x 5 x 1/2 inch.
e) Breng het water en de baking soda in een grote pan op middelhoog vuur aan de kook.
f) Snijd ondertussen het blok deeg in de lengte in 5 reepjes.
g) Rol elke strook uit tot touwen van 12 inch. Neem beide uiteinden van een touw, trek ze samen en maak een volledige draai, gebruik je handen om een cirkel te vormen terwijl het deeg nog op het werkoppervlak ligt. Druk de uiteinden van het deeg in de cirkel en vorm de iconische krakelingvorm. Herhaal dit proces met de resterende touwen en maak 5 pretzels.
h) Plaats 1 pretzel op een schuimspaan en plaats deze voorzichtig in het kokende water. Het zinkt en drijft vervolgens in ongeveer 20 tot 30 seconden naar boven. Verwijder de krakeling met een schuimspaan en leg er een siliconen bakmat of een stuk bakpapier op.

i) Herhaal dit proces met de overige 4 pretzels.
j) Verwarm de airfryer gedurende 5 minuten voor op 390 ° F. Strooi 1/4 theelepel zout op elke krakeling.
k) Breng de pretzels over naar de mand van de airfryer. Als je een grote heteluchtfriteuse met een rekaccessoire gebruikt, kun je 2 grotere pretzels direct op het mandje plaatsen en 3 kleinere op het rooster. Als je een kleinere airfryer gebruikt of als er geen rooster beschikbaar is, bak de pretzels dan in batches.
l) Kook op 390 ° F gedurende 5 tot 6 minuten. Begin ze na 3 minuten te controleren. Je streeft naar een goud- tot donkerbruin resultaat. Haal de pretzels met een spatel uit de airfryer.

29. Gebakken Tofu Met Pindasaus

INGREDIËNTEN:
GEFRITUURDE TOFU
- 1 (12 ounce) pakje stevige tofu, uitgelekt en geperst
- 1/2 kop maïsmeel
- 1/4 kopje maizena
- 1/2 theelepel zeezout
- 1/2 theelepel witte peper
- 1/2 theelepel rode pepervlokken
- 1 tot 2 sprieten sesamolie

PINDASAUS
- 1 (1 inch) stuk verse gember, geschild
- 1 teentje knoflook
- 1/2 kopje romige pindakaas
- 2 eetlepels natriumarme tamari
- 1 eetlepel vers limoensap
- 1 theelepel ahornsiroop
- 1/2 theelepel chilipasta
- 1/4 tot 1/2 kopje water, indien nodig
- 1/4 kop fijngehakte lente-uitjes

INSTRUCTIES:

a) Tofu: Snijd de tofu in 16 blokjes en zet opzij. Meng in een middelgrote kom het maïszetmeel, maïsmeel, zout, witte peper en rode pepervlokken. Voeg de in blokjes gesneden tofu toe en bestrijk goed. Breng de tofu over naar de mand van de airfryer. Bestrijk met de sesamolie. Kook gedurende 20 minuten op 350°F en schud halverwege de kooktijd zachtjes.

b) Pindasaus: Pureer de gember, knoflook, pindakaas, tamari, limoensap, ahornsiroop en chilipasta in een blender tot een gladde massa. Voeg indien nodig water toe voor een dikke consistentie die dun genoeg is om te besprenkelen. Om te serveren, doe je de tofu op een serveerschaal.

c) Giet de pindasaus in een kleine dipkom en garneer met de lente-uitjes.

30.Gepaneerde Champignons

INGREDIËNTEN:
- 2 grote portobello-champignondoppen, licht afgespoeld en drooggedept
- 1/2 kop sojameel
- 1/2 theelepel gegranuleerde ui
- 1/4 theelepel gedroogde oregano
- 1/4 theelepel gedroogde basilicum
- 1/4 theelepel gegranuleerde knoflook
- 1/2 theelepel zwarte peper, verdeeld
- 1/2 kopje ijskoud water
- 2 eetlepels Follow Your Heart VeganEgg of 1 vlasei
- 1/8 kop sojamelk
- 1 theelepel natriumarme tamari
- 1 kopje panko-broodkruimels
- 1/4 theelepel zeezout
- 1 tot 2 spritzes canola-olie of extra vergine olijfolie

INSTRUCTIES:

a) Snijd de portobello-doppen in plakjes van 1/4 inch dik. Combineer de bloem, de gegranuleerde ui, oregano, basilicum, gegranuleerde knoflook en 1/4 theelepel peper in een ondiepe schaal of bord.

b) Klop het water en het Vegan Egg door elkaar. Giet het mengsel in een ondiepe kom. Voeg de sojamelk en tamari toe. Giet de panko-broodkruimels in een derde ondiepe schaal of bord en voeg het zout en de resterende zwarte peper toe, goed mengend.

c) Werk in batches, plaats de champignons in het bloemmengsel en bagger om ze goed te bedekken. Schud overtollige bloem af en dompel de champignons in het melkmengsel. Schud overtollige vloeistof af, doe de champignons in de broodkruimels en bedek ze goed. Leg de gepaneerde champignons op een bord bedekt met bakpapier en herhaal dit proces totdat alle champignons gepaneerd zijn.

d) Spuit de mand van de airfryer in met de olie. Plaats de gepaneerde champignons in het mandje van de airfryer (mogelijk moet je dit in batches doen) en bak ze gedurende 7 minuten op 360 ° F, waarbij je halverwege de kooktijd schudt.

31.Veganistische vleugels

INGREDIËNTEN:
- 1/4 kopje niet-zuivelboter
- 1/2 kopje Frank's RedHot Original Cayennepepersaus of je favoriete cayennepepersaus
- 2 teentjes knoflook
- 16 tot 18 ounces gebakken Chick'n-Style Seitan, in 8 tot 10 stukken gesneden, of kip-stijl seitan van WestSoy of Pacific
- 1/4 kopje kikkererwtenmeel
- 1/4 kop maïsmeel

INSTRUCTIES:
a) Combineer de boter, hete saus en knoflook in een kleine pan op middelhoog vuur gedurende 3 tot 5 minuten. Giet de helft van de saus in een kom. Opzij zetten.
b) Voeg de seitanstukjes toe aan de saus in de pan. Meng goed zodat de seitan bedekt is.
c) Meng de bloem en het maïsmeel in een ondiepe kom.
d) Verwarm de airfryer gedurende 3 minuten voor op 370 ° F. Haal de stukjes seitan door het bloemmengsel en bedek ze goed. Doe de seitan in de airfryer. Kook gedurende 7 minuten op 370°F en schud gedurende 3 minuten.
e) Doe de vleugels in de kom met de gereserveerde hete saus. Gooi en serveer met niet-zuivelblauwe kaas of ranchdressing.

32.Geroosterde Barbecue Kikkererwten

INGREDIËNTEN:
- 1 (15 ounce) blik kikkererwten, uitgelekt, gespoeld en drooggedept
- 1 theelepel arachideolie
- 1/2 theelepel ahornsiroop
- 1 theelepel paprikapoeder
- 1 theelepel knoflookpoeder
- 1/2 theelepel zwarte peper
- 1/2 theelepel gemalen mosterd
- 1/2 theelepel chipotlepoeder

INSTRUCTIES:

a) Combineer de kikkererwten, olie en ahornsiroop in een grote kom en schep de kikkererwten om. Strooi de paprika, knoflookpoeder, peper, mosterd en chipotlepoeder over de kikkererwten en meng tot alle kikkererwten goed bedekt zijn.

b) Breng de kikkererwten over naar de mand van de airfryer. Kook gedurende 15 minuten op 400°F en schud elke 5 minuten.

33. Balsamico Kruidige Tomaten

INGREDIËNTEN:
- 1/4 kopje balsamicoazijn
- 1/2 theelepel grof zeezout
- 1/4 theelepel gemalen zwarte peper
- 1 eetlepel gedroogde oregano
- 1 theelepel rode pepervlokken
- 2 grote, stevige tomaten, elk in 4 plakjes gesneden
- Extra vergine olijfolie spray

INSTRUCTIES:
a) Giet de azijn in een ondiepe schaal. Roer het zout, de peper, de oregano en de rode pepervlokken erdoor.
b) Dompel elk schijfje tomaat in het azijnmengsel. Verwarm de airfryer gedurende 3 minuten voor op 360 ° F.
c) Leg de tomaten in een enkele laag op een grillinzetstuk of rechtstreeks in de airfryer (je zou 2 tot 4 plakjes per keer moeten kunnen bereiden, afhankelijk van de grootte van je airfryer). Om de kookcapaciteit te vergroten, plaatst u een rekaccessoire over het grillinzetstuk of de mand, waardoor twee lagen tomaten tegelijk kunnen worden gekookt.
d) Schep het resterende azijnmengsel over elke tomaat. Sprenkel de olie over de tomaten. Kook op 360 ° F gedurende 5 tot 6 minuten. Verwijder de tomaten voorzichtig met een spatel.

34. Pastinaak frietjes

INGREDIËNTEN:
- 2 middelgrote pastinaken, bijgesneden en goed gewassen
- 1 theelepel avocado-olie of koolzaadolie
- 1 theelepel gemalen kaneel
- 1/2 theelepel gemalen komijn
- 1/2 theelepel paprikapoeder
- 1/2 theelepel gemalen koriander
- 1/2 theelepel zeezout
- 1/4 theelepel zwarte peper
- 1/2 theelepel maizena
- 1 eetlepel speltmeel of bruine rijstmeel

INSTRUCTIES:

a) Snijd de boven- en onderkant van de pastinaak af. Snijd in de lengte doormidden. Halveer of kwarteer de dikke delen in de lengte, totdat alle stukjes pastinaak ongeveer even groot zijn.

b) Breng ze over naar een grote kom. Voeg de olie, kaneel, komijn, paprikapoeder, koriander, zout en peper toe.

c) Meng het maizena en de bloem in een kleine kom. Strooi het maïzenamengsel over de pastinaak en roer met een tang tot alles bedekt is.

d) Kook de pastinaak gedurende 15 minuten op 370 ° F, of tot ze goudbruin zijn, en schud halverwege de kooktijd.

35. Buffelbloemkool

INGREDIËNTEN:
- 1 bloemkool met grote kop
- 1 kopje ongebleekte bloem voor alle doeleinden
- 1 theelepel veganistische kippenbouillonkorrels (of Butler Chik-Style Seasoning)
- 1/4 theelepel cayennepeper
- 1/4 theelepel chilipoeder
- 1/4 theelepel paprikapoeder
- 1/4 theelepel gedroogde chipotle chilivlokken
- 1 kopje sojamelk
- Canola-oliespray
- 2 eetlepels zuivelvrije boter
- 1/2 kopje Frank's RedHot Original Cayennepepersaus of je favoriete cayennepepersaus
- 2 teentjes knoflook, fijngehakt

INSTRUCTIES:
a) Snij de bloemkool in hapklare stukjes. Spoel de stukjes bloemkool af en laat ze uitlekken.
b) Meng de bloem, bouillonkorrels, cayennepeper, chilipoeder, paprikapoeder en chipotlevlokken in een grote kom. Klop langzaam de melk erdoor tot er een dik beslag ontstaat.
c) Spuit de mand van de luchtfriteuse in met koolzaadolie en verwarm de luchtfriteuse gedurende 10 minuten voor op 390 ° F.
d) Terwijl de airfryer aan het voorverwarmen is, schep je de bloemkool door het beslag. Breng de gehavende bloemkool over naar de mand van de airfryer. Kook gedurende 20 minuten op 390°F. Draai de stukjes bloemkool met een tang na 10 minuten om (wees niet ongerust als ze blijven plakken).
e) Nadat je de bloemkool hebt omgedraaid, verwarm je de boter, hete saus en knoflook in een kleine pan op middelhoog vuur. Breng het mengsel aan de kook, zet het vuur lager en laat het koken. Zodra de bloemkool gaar is, doe je hem in een grote kom. Giet de saus over de bloemkool en roer voorzichtig met een tang. Serveer onmiddellijk.

36.Kaasachtige Dille Polenta Bites

INGREDIËNTEN:
- 1 kopje lichte culinaire kokosmelk
- 3 kopjes groentebouillon
- 3 teentjes knoflook, fijngehakt
- 1/2 theelepel gemalen kurkuma
- 1/2 theelepel gedroogde dille
- 1 kopje gedroogde polenta of maïsmeel
- 1 eetlepel zuivelvrije boter
- 2 eetlepels edelgist
- 1 theelepel vers citroensap
- Canola-oliespray

INSTRUCTIES:
VOOR DE POLENTA:
a) In een snelkookpan of Instant Pot: Combineer de melk, bouillon, knoflook, kurkuma, dille en polenta in een onafgedekte snelkookpan (of een multicooker, zoals een Instant Pot).

b) Dek de snelkookpan af en breng hem onder druk. Kook op hoge druk gedurende 5 minuten. Gebruik een natuurlijke afgifte na 15 minuten. Als u een multicooker gebruikt, kies dan voor handmatig en hoge druk gedurende 5 minuten. Verwijder het deksel en roer de boter, edelgist en citroensap erdoor.

c) Op de kookplaat: Breng de melk, bouillon, knoflook, kurkuma en dille aan de kook op middelhoog vuur in een grote pan.

d) Giet de polenta langzaam in het kokende melkmengsel en blijf voortdurend kloppen tot alle polenta is opgenomen en er geen klontjes meer zijn. Zet het vuur laag en laat sudderen, vaak kloppend, tot de polenta begint in te dikken, ongeveer 5 minuten.

e) De polenta moet nog een beetje los zijn. Dek de pan af en kook gedurende 30 minuten, waarbij u elke 5 tot 6 minuten zwaait. Als de polenta te dik is om te kloppen, roer je hem door met een houten lepel. De polenta is klaar als de textuur romig is en de afzonderlijke korrels zacht zijn.

f) Zet het vuur uit en roer de boter voorzichtig door de polenta tot de boter gedeeltelijk smelt.

g) Meng de edelgist en het citroensap door de polenta. Dek de pan af en laat de polenta 5 minuten staan om in te dikken.

h) Zet de hete polenta opzij om af te koelen (je kunt de polenta overbrengen naar een middelgrote kom en 15 minuten in de koelkast zetten om het proces te versnellen).

VOOR DE POLENTA BITES:
i) Rol 1/8 kopjes polenta in balletjes en plaats ze in een enkele laag in de airfryer. (Afhankelijk van de grootte van uw airfryer moet u mogelijk in batches koken.)

j) Bestrijk ze met de canola-olie. Kook op 400 ° F gedurende 12 tot 14 minuten en schud gedurende 6 minuten.

37. Geroosterde Spruitjes

INGREDIËNTEN:
- 1 pond spruitjes
- 2 eetlepels sojasaus
- 1 eetlepel rijstazijn
- 1 theelepel koolzaadolie
- 1 eetlepel gehakte knoflook
- 1/2 theelepel witte peper

INSTRUCTIES:
a) Snijd de onderkant van de spruitjes af en snijd elke spruit van boven naar beneden doormidden (de buitenste bladeren vallen er gemakkelijk af). Spoel af en laat uitlekken. Doe de spruitjes in een grote kom.
b) Meng de sojasaus, azijn, olie, knoflook en witte peper in een kleine kom. Giet over de spruitjes. Schud voorzichtig met een tang, goed bedekkend.
c) Verwarm de airfryer gedurende 3 minuten voor op 390 ° F. Breng de spruitjes over naar de mand van de airfryer. Kook gedurende 12 minuten en schud halverwege de kooktijd.

38.Geroosterde Eikelpompoen

INGREDIËNTEN:
- 1 (16 ounce) eikelpompoen, gewassen
- 1/4 kop groentebouillon
- 2 eetlepels edelgist
- 3 teentjes knoflook, fijngehakt

INSTRUCTIES:
a) Snijd de pompoen doormidden en schep met een lepel de zaadjes eruit. (Houd de zaden opzij om de Tamari Squash Seeds te maken . Snijd het uiteinde van elk stuk af om een platte bodem te maken.
b) Plaats elke pompoenhelft in de airfryer, met het vlees naar boven. Kook op 360 ° F gedurende 10 minuten.
c) Klop in een kleine kom de bouillon, edelgistvlokken en knoflook door elkaar.
d) Open na 10 minuten de mand van de airfryer en giet 1/8 kopje knoflooksaus over de ene pompoenhelft en 1/8 kopje over de andere pompoenhelft. De saus zal zich in de "kom" van de pompoen nestelen.
e) Gebruik een borstel om de bovenkant van de pompoen te bestrijken. Verhoog de hitte tot 390°F en kook nog 5 minuten langer, totdat de pompoen gaar is.
f) Haal de pompoenhelften uit de airfryer en snijd ze in plakjes of gebruik ze als eetbare serveerschalen.

39.Tamari Pompoenzaden

INGREDIËNTEN:
- 1/4 tot 1/2 kopje eikel- of pompoenpitten (de hoeveelheid varieert afhankelijk van de grootte van de pompoen)
- 2 eetlepels natriumarme tamari of natriumarme sojasaus
- 1/4 theelepel witte peper of versgemalen zwarte peper

INSTRUCTIES:
a) Spoel de pompoenpitten goed af en verwijder eventuele snaren of stukjes pompoen. Breng ze over naar een kleine kom of maatbeker. Giet de tamari over de zaden en laat ze 30 minuten marineren.
b) Giet de zaden af (maar spoel ze niet af).
c) Verwarm de airfryer gedurende 3 minuten voor op 390°F. Doe de zaadjes in het mandje van de airfryer en bestrooi met de witte peper. Kook op 390°F gedurende 6 minuten en schud halverwege de kooktijd.
d) Eet de zaden direct op of bewaar ze in een luchtdichte verpakking gedurende 3 dagen.

40.Uienringen

INGREDIËNTEN:
- 1 grote ui, gesneden in plakjes van 1/4 inch dik
- 1 kopje ongebleekte bloem voor alle doeleinden
- 1/4 kop kikkererwtenmeel
- 1 theelepel bakpoeder
- 1 theelepel zeezout
- 1/2 kopje aquafaba of veganistische eiervervanger
- 1 kopje sojamelk
- 3/4 kopje panko-broodkruimels

INSTRUCTIES:
a) Verwarm de airfryer gedurende 5 minuten voor op 360 ° F. Verdeel de uienplakken in ringen.
b) Meng het bloem voor alle doeleinden, het kikkererwtenmeel, het bakpoeder en het zout in een kleine kom.
c) Haal de plakjes ui door het bloemmengsel tot ze goed bedekt zijn. Opzij zetten.
d) Klop de aquafaba en de melk door het resterende bloemmengsel. Doop de met bloem bestoven uienringen in het beslag zodat ze bedekt zijn.
e) Verdeel de panko-broodkruimels op een bord of ondiepe schaal en bagger de ringen in de kruimels, goed bedekkend.
f) Plaats de uienringen in een enkele laag in de airfryer en bak ze 7 minuten op 360°F. Schud halverwege de kooktijd. Als je een kleinere airfryer hebt, kan het zijn dat je in batches moet koken.

41.Esdoorn-pompoen

INGREDIËNTEN:
- 1 grote flespompoen, geschild, gehalveerd, gezaaid en in stukjes van 1 inch gesneden
- 1 theelepel extra vergine olijfolie of koolzaadolie
- 2 eetlepels ahornsiroop
- 1 theelepel gemalen kaneel
- 1/2 theelepel gemalen kardemom
- 1/2 theelepel gedroogde tijm
- 1/2 theelepel zeezout

INSTRUCTIES:
a) Verwarm de airfryer voor op 390 ° F. Doe de pompoen in een grote mengkom. Voeg de olie, ahornsiroop, kaneel, kardemom, tijm en zout toe en roer om de pompoen te bedekken.
b) Breng de pompoen over naar de mand van de airfryer. Kook gedurende 20 minuten of tot ze bruin zijn en schud halverwege de kooktijd.

42.Boerenkool chips

INGREDIËNTEN:
- 8 kopjes boerenkool
- 1 theelepel canola-olie of extra vergine olijfolie
- 1 theelepel rijstazijn
- 1 theelepel sojasaus
- 2 eetlepels edelgist

INSTRUCTIES:
a) Was de boerenkool en laat deze uitlekken. Breng het over naar een grote kom. Scheur de boerenkool in stukken van 2 inch. Zorg ervoor dat u de stukken niet te klein scheurt, aangezien sommige heteluchtfriteuses, met krachtige geforceerde lucht, de boerenkool in het verwarmingselement kunnen trekken.
b) Voeg de olie, azijn, sojasaus en edelgist toe aan de kom. Masseer met je handen alle ingrediënten ongeveer 2 minuten in de boerenkool.
c) Breng de boerenkool over naar de mand van de airfryer. Kook op 360 ° F gedurende 5 minuten. Schud de mand. Verhoog de hitte tot 390°F en kook nog 5 tot 7 minuten.

43.Gebakken Groene Tomaten

INGREDIËNTEN:
- 1/2 kop aardappelzetmeel
- 1 kopje sojameel, verdeeld
- 1/4 kop sojamelk
- 2 eetlepels edelgist
- 1/2 tot 1 theelepel hete saus
- 1/4 kopje amandelmeel
- 1/4 kopje panko-broodkruimels
- 1 theelepel gerookte paprikapoeder
- 1 theelepel zeezout
- 1/4 theelepel zwarte peper
- 2 grote groene of erfstuktomaten, in plakjes van 1/2 inch dik gesneden
- 2 tot 4 sprieten canola-olie

INSTRUCTIES:
a) Meng in een ondiepe schaal het aardappelzetmeel en 1/2 kopje sojameel.
b) Meng in een tweede ondiepe schaal de melk, edelgist en hete saus.
c) Meng in een derde ondiepe schaal de resterende 1/2 kop sojameel, amandelmeel, pankobroodkruimels, gerookte paprika, zout en peper.
d) Haal de tomaten door het aardappelzetmeelmengsel. Schud het overtollige zetmeel eraf en dompel de tomaten vervolgens in het melkmengsel om ze te bedekken. Schud de overtollige melk eraf en haal de tomaten door het gekruide sojameelmengsel.
e) Bestrijk de mand van de airfryer met de olie. Plaats zoveel mogelijk tomaten in de mand van de airfryer. Bestrijk de bovenkant van de tomaten met meer olie.
f) Kook op 320 ° F gedurende 3 minuten. Schud de mand van de airfryer voorzichtig. Verhoog de hitte tot 400°F en kook nog 2 minuten.

44.Aubergine Parmezaanse kaas

INGREDIËNTEN:
- 1 middelgrote aubergine
- 1/2 kopje ongebleekte bloem voor alle doeleinden
- 1 Vlas-ei of gelijkwaardig Follow Your Heart Vegan Egg of Ener-G Egg Replacer
- 1 1/2 kopjes panko-broodkruimels
- 2 tot 4 spritzes extra vergine olijfolie
- 1/2 kopje marinarasaus
- 1/2 kopje geraspte niet-zuivelparmezaanse kaas

INSTRUCTIES:
a) Was de aubergine en dep hem droog. Snijd de aubergine in plakjes, maak 8 (1/2-inch dikke) rondjes.
b) Zet een driedelig baggerstation op met behulp van drie ondiepe kommen, met de bloem in de eerste, het vlasei in de tweede en pankobroodkruimels in de derde. Bestrijk de mand van de airfryer met de olie.
c) Haal een aubergine rondje door de bloem en bedek hem goed. Dompel de aubergine rond in het vlasei en bagger het vervolgens in de panko-broodkruimels. Schud het overtollige broodkruim eraf en plaats de aubergine rond in de mand van de airfryer. Herhaal dit proces met meer auberginerondes. Als je een rekaccessoire hebt, plaats deze dan in de mand van de airfryer en ga door met het coaten van de resterende auberginerondjes en plaats ze op het rek. Als je een kleinere heteluchtfriteuse hebt of geen rek hebt om een tweede kookniveau toe te voegen, bak de auberginerondjes dan in 2 of 3 batches in de lucht. Bestrijk de bovenkant van elke aubergineronde met olijfolie. Kook op 360 ° F gedurende 12 minuten, tot ze goudbruin zijn.
d) Verwarm de Marinara-saus in een kleine pan op middelhoog vuur.
e) Open na 12 minuten de airfryer en voeg 1 eetlepel kaas toe aan elke aubergineronde en kook nog 2 minuten langer. Serveer voor het serveren 3 auberginerondjes per persoon op een klein bord. Schep 2 eetlepels marinarasaus over de aubergine.

45.Gemengde Groentenbeignets

INGREDIËNTEN:
- 3 eetlepels gemalen lijnzaad
- 1/2 kopje water
- 2 middelgrote roodbruine aardappelen
- 2 kopjes bevroren gemengde groenten (wortels, erwten en maïs), ontdooid en uitgelekt
- 1 kopje bevroren erwten, ontdooid en uitgelekt
- 1/2 kop grof gesneden ui
- 1/4 kop fijngehakte verse koriander
- 1/2 kopje ongebleekte bloem voor alle doeleinden
- 1/2 theelepel zeezout
- Extra vergine olijfolie om te spritzen

INSTRUCTIES:
a) Maak in een kleine kom een vlas-ei door het lijnzaad en het water te mengen met een vork of een kleine garde.
b) Schil de aardappelen en rasp ze in een kom. (Of gebruik het raspmes in een keukenmachine; als u dat doet, doe de geraspte aardappelen dan terug in een kom.) Voeg de gemengde groenten en ui toe aan de aardappelen. Voeg de koriander en het vlasei toe en roer om te combineren. Voeg de bloem en het zout toe en meng goed. Verwarm de airfryer gedurende 3 minuten voor op 360 ° F.
c) Schep 1/3 kopje van het aardappelmengsel eruit om een pasteitje te vormen. Herhaal dit proces totdat het hele mengsel is gebruikt om beignetpasteitjes te maken.
d) Bestrijk de beignets met de olie. Breng de beignets over naar de mand van de airfryer (mogelijk moet u meerdere batches maken, afhankelijk van de grootte van uw airfryer). Bak de beignets gedurende 15 minuten en draai ze halverwege de kooktijd om.

46.Kaasachtige aardappelpartjes

INGREDIËNTEN:
AARDAPPELEN
- 1 pond jonge aardappelen
- 1 theelepel extra vergine olijfolie
- 1 theelepel koosjer zout
- 1 theelepel gemalen zwarte peper
- 1/2 theelepel knoflookpoeder

KAAS SAUS
- 1/2 kopje rauwe cashewnoten
- 1/2 theelepel gemalen kurkuma
- 1/2 theelepel paprikapoeder
- 2 eetlepels edelgist
- 1 theelepel vers citroensap
- 2 eetlepels tot 1/4 kopje water

INSTRUCTIES:
a) Aardappelen: Verwarm de airfryer gedurende 3 minuten op 400°F. Was de aardappelen. Snijd de aardappelen in de lengte doormidden en doe ze in een grote kom. Voeg de olie, zout, peper en knoflookpoeder toe aan de aardappelen. Gooi om te coaten. Breng de aardappelen over naar de airfryer. Laat 16 minuten koken en schud halverwege de kooktijd.

b) Kaassaus: Combineer de cashewnoten, kurkuma, paprika, edelgist en citroensap in een hogesnelheidsblender. Meng op een lage stand, verhoog langzaam de snelheid en voeg indien nodig water toe. Zorg ervoor dat je niet te veel water gebruikt, want je wilt een dikke, kaasachtige consistentie.

c) Doe de gekookte aardappelen in een airfryerbestendige pan of op een stuk bakpapier. Giet de kaassaus over de aardappelpartjes. Plaats de pan in de airfryer en bak nog 2 minuten op 400°F.

47. Hasselback-aardappelen

INGREDIËNTEN:
- 2 middelgrote roodbruine aardappelen
- 2 sprieten extra vergine olijfolie
- 1/4 theelepel zeezout
- 2 snufjes zwarte peper
- 1 theelepel gehakte knoflook

INSTRUCTIES:

a) Was de aardappelen goed. Om de aardappelen te snijden, legt u ze op de platste kant in een grote lepel (om te voorkomen dat u ze helemaal doorsnijdt). Snijd met een scherp mes vanaf de bovenkant naar beneden tot het mes Serveert: contact met de lepel. Maak plakjes van 1/8 inch over de aardappelen.

b) Besprenkel de aardappelen met de olie (of bestrijk ze met groentebouillon) en strooi er de helft van het zout en een snufje zwarte peper over. Doe de aardappelen in de airfryer en bak ze 20 minuten op 390°F.

c) Haal het mandje uit de airfryer en druk 1/2 theelepel knoflook tussen de plakjes van elke aardappel. Doe de aardappelen terug in de airfryer en bak ze nog eens 15 tot 20 minuten. (De totale kooktijd moet ongeveer 35 tot 40 minuten zijn; langer als u grote aardappelen gebruikt.)

48. Poutine

INGREDIËNTEN:

- 3 middelgrote roodbruine aardappelen, in plakjes van 1/4 inch gesneden en opnieuw in reepjes van 1/4 inch gesneden
- 1 theelepel arachideolie of koolzaadolie
- 2 kopjes Champignon Witte Bonen Jus of Pacific of Imagine champignonjus
- 1/2 kop grof gesneden Daiya Jalapeño Havarti Style Boerderijblokkaas of Follow Your Heart geraspte Parmezaanse kaas

INSTRUCTIES:

a) Spoel de aardappelfriet af met koud water. Geniet gedurende 20 minuten. Spoel de aardappelen af, laat ze uitlekken en dep ze droog met keukenpapier. Doe de frietjes in een grote kom en meng met de arachideolie.
b) Plaats de frietjes in het mandje van de airfryer en bak ze gedurende 20 minuten op 390°F. Schud halverwege de kooktijd.
c) Terwijl de friet bakt, maak je de jus.
d) Wanneer de frietjes volledig gaar zijn, plaats je ze op 4 serveerschalen. Strooi 2 eetlepels kaas en schep vervolgens 1/2 kopje jus over elke portie.

49. Frietjes van zoete aardappel

INGREDIËNTEN:
- 2 grote witte zoete aardappelen, in plakjes van 1/4 inch gesneden en opnieuw in reepjes van 1/4 inch gesneden
- 1/4 kopje donker veganistisch bier
- 1 theelepel rode miso
- 1 theelepel koolzaadolie
- 1 eetlepel lichtbruine suiker
- 1 theelepel gemalen kaneel
- 1/2 theelepel gemalen komijn
- 1/2 theelepel zeezout

INSTRUCTIES:
a) Spoel de frietjes af met koud water. Doe de frietjes in een grote kom. Klop in een kleine kom het bier, de miso en de olie door elkaar. Sprenkel het biermengsel over de friet, roer goed en laat 20 minuten staan.
b) Giet de frietjes af en doe ze terug in de kom. Strooi de bruine suiker, kaneel, komijn en zout over de friet. Gooi tot het goed bedekt is.
c) Kook de frietjes gedurende 15 tot 20 minuten op 320°F, tot ze goudbruin zijn.

50.Umami frietjes

INGREDIËNTEN:
- 2 grote roodbruine aardappelen, geschrobd
- 1/4 kop heet water
- 1 eetlepel Marmite of Vegemite
- 1 eetlepel appelazijn
- Snijd de aardappelen in plakjes van 1/4 inch en snijd de plakjes vervolgens in reepjes van 1/4 inch.

INSTRUCTIES:
a) Breng de friet over naar een ondiepe bakvorm of bakplaat met rand.
b) Giet het water in een blender.
c) Zet de blender op een lage stand en druppel langzaam de Marmite erdoor.
d) Voeg de azijn toe, zet de snelheid van de blender op hoog en mix slechts een paar seconden. Giet het Marmite-mengsel over de frietjes. Gooi de friet met een tang of gebruik je handen om ervoor te zorgen dat de friet bedekt is met marinade.
e) Dek af en zet ongeveer 15 minuten opzij.
f) Verwarm de airfryer gedurende 3 minuten voor op 360 ° F. Giet de frietjes af en doe ze in de airfryer.
g) Kook op 360 ° F gedurende 16 tot 20 minuten en schud halverwege de kooktijd.

HOOFDGERECHT

51. Bieten met Oranje Gremolata

INGREDIËNTEN:
- 3 middelgrote verse gouden bieten (ongeveer 1 pond)
- 3 middelgrote verse bieten (ongeveer 1 pond)
- 2 eetlepels limoensap
- 2 eetlepels sinaasappelsap
- 1/2 theelepel fijn zeezout
- 1 eetlepel gehakte verse peterselie
- 1 eetlepel gehakte verse salie
- 1 teentje knoflook, fijngehakt
- 1 theelepel geraspte sinaasappelschil
- 2 eetlepels zonnebloempitten

INSTRUCTIES:
a) Verwarm de airfryer voor op 400°.
b) Schrob de bieten en snij de toppen 1 inch af. Plaats de bieten op een dubbele dikte van stevige folie (ongeveer 24x12 inch). Vouw de folie rond de bieten en sluit ze goed af.
c) Leg het in een enkele laag op een bakplaat in de mand van de airfryer. Kook tot ze gaar zijn, 4555 minuten. Open de folie voorzichtig zodat stoom kan ontsnappen.
d) Wanneer het koel genoeg is om de bieten te hanteren, schillen, halveren en in plakjes snijden; plaats in een serveerschaal. Voeg limoensap, sinaasappelsap en zout toe; gooi om te coaten. Combineer peterselie, salie, knoflook en sinaasappelschil; strooi over de bieten. Werk af met zonnebloempitten. Serveer warm of gekoeld.

52. Zalm met Balsamico Spinazie

INGREDIËNTEN:
- 3 theelepels olijfolie, verdeeld
- 4 zalmfilets (elk 6 ons)
- 1 1/2 theelepel zoutarme zeevruchtenkruiden
- 1/4 theelepel peper
- 1 teentje knoflook, in plakjes gesneden
- Dash gemalen rode pepervlokken
- 10 kopjes verse babyspinazie (ongeveer 10 ons)
- 6 kleine tomaten, zonder zaadjes en in 1/2 inch gesneden. stukken
- 1/2 kopje balsamicoazijn

INSTRUCTIES:

a) Verwarm de airfryer voor op 450°. Wrijf 1 theelepel olie over beide zijden van de zalm; bestrooi met zeevruchtenkruiden en peper.

b) Plaats de zalm indien nodig in batches op een ingevette bakplaat in de mand van de airfryer. Kook tot de vis gemakkelijk begint te schilferen met een vork, 1012 minuten.

c) Doe ondertussen de resterende olie, knoflook en pepervlokken in een 6qt. voorraadpot; verwarm op middelhoog vuur tot de knoflook zacht is gedurende 34 minuten. Verhoog het vuur tot middelhoog.

d) Voeg spinazie toe; kook en roer tot het verwelkt is, 34 minuten. Roer de tomaten erdoor; warmte door. Verdeel over 4 serveerschalen.

e) Breng de azijn in een kleine pan aan de kook. Kook tot de azijn met de helft is ingekookt, 23 minuten. Haal onmiddellijk van het vuur.

f) Om te serveren, plaats je de zalm over het spinaziemengsel. Besprenkel met balsamicoglazuur.

53. Knoflook-kruid Gebakken Patty Pan Squash

INGREDIËNTEN:
- 5 kopjes gehalveerde kleine pasteitjespompoen (ongeveer 11/4 pond)
- 1 eetlepel olijfolie
- 2 teentjes knoflook, fijngehakt
- 1/2 theelepel zout
- 1/4 theelepel gedroogde oregano
- 1/4 theelepel gedroogde tijm
- 1/4 theelepel peper
- 1 eetlepel gehakte verse peterselie

INSTRUCTIES:
a) Verwarm een airfryer voor op 375 °. Doe de pompoen in een grote kom. Meng olie, knoflook, zout, oregano, tijm en peper; motregen over pompoen.
b) Gooi om te coaten. Plaats de pompoen op een ingevette bakplaat in de mand van de airfryer. Kook tot ze gaar zijn, 1015 minuten, af en toe roeren.
c) Bestrooi met peterselie.

54. Champignonsteaks

INGREDIËNTEN:
- 4 grote portobello-champignons
- 23 Eetlepels olijfolie
- 2 theelepels tamari-sojasaus
- 1 theelepel knoflookpuree
- zout naar smaak

INSTRUCTIES:
a) Verwarm de Airfryer voor op 350F / 180C.
b) Maak de champignons schoon met een vochtige doek of borstel en verwijder de steeltjes.
c) Meng de olijfolie, tamari-sojasaus, knoflookpuree en zout in een kom.
d) Voeg de champignons toe en meng tot ze bedekt zijn. Je kunt ook een penseel gebruiken om de champignons met het mengsel te bestrijken. Je kunt de champignons meteen koken, of ze 10 minuten laten rusten voordat je ze gaat koken.
e) Voeg de champignons toe aan het mandje van de airfryer en bak gedurende 810 minuten.
f) Serveer de knoflook Airfryer Champignons met wat groene salades.

55. Champignon-witte bonenjus

INGREDIËNTEN:

- 1/4 kopje niet-zuivelboter
- 3 teentjes knoflook, grof gesneden
- 1/2 kop grof gesneden gele ui
- 1 kop grof gesneden shiitake-paddenstoelen
- 1/8 theelepel gedroogde salie
- 1/8 theelepel gedroogde rozemarijn
- 1/8 theelepel gemalen zwarte peper
- 1 1/4 kopjes groentebouillon
- 1/4 kopje natriumarme sojasaus
- 1 (15 ounce) blik witte bonen, uitgelekt en gespoeld
- 1/8 tot 1/4 kopje edelgistvlokken

INSTRUCTIES:

a) Verhit de boter in een kleine pan op middelhoog vuur. Voeg de knoflook en de ui toe en bak tot de ui glazig is. Voeg de champignons, salie, rozemarijn en peper toe. Goed mengen. Roer de bouillon en sojasaus erdoor. Breng het mengsel aan de kook.

b) Voeg de bonen toe. Gebruik een staafmixer in de pan om de jus gedurende 20 tot 30 seconden te mengen, of tot een gladde massa. Als alternatief kunt u de jus ook in een blender doen en tot een gladde massa mixen, waarna u de jus na het mixen weer terug in de pan doet.

c) Dek de pan af, zet het vuur middelhoog en kook gedurende 5 minuten, af en toe roerend. Voeg de edelgist toe, roer goed, dek de pan af en laat 5 minuten langer koken, roer indien nodig.

56.Boerenkool- en Aardappelnuggets

INGREDIËNTEN:
- 2 kopjes fijngehakte aardappelen
- 1 theelepel extra vergine olijfolie of koolzaadolie
- 1 teentje knoflook, fijngehakt
- 4 kopjes los verpakte grof gesneden boerenkool
- 1/8 kop amandelmelk
- 1/4 theelepel zeezout
- 1/8 theelepel gemalen zwarte peper
- Plantaardige oliespray, indien nodig

INSTRUCTIES:
a) Voeg de aardappelen toe aan een grote pan met kokend water. Kook tot ze gaar zijn, ongeveer 30 minuten.
b) Verhit de olie in een grote koekenpan op middelhoog vuur. Voeg de knoflook toe en bak tot hij goudbruin is. Voeg de boerenkool toe en bak 2 tot 3 minuten. Breng over naar een grote kom.
c) Giet de gekookte aardappelen af en doe ze in een middelgrote kom. Voeg de melk, zout en peper toe en pureer met een vork of aardappelstamper. Doe de aardappelen in de grote kom en combineer met de gekookte boerenkool.
d) Verwarm de airfryer gedurende 5 minuten voor op 390 ° F.
e) Rol het mengsel van aardappelen en boerenkool in nuggets van 1 inch. Bestrijk de mand van de airfryer met plantaardige olie. Doe de nuggets in de airfryer en bak ze in 12 tot 15 minuten goudbruin, schud na 6 minuten.

57. Basis luchtgebakken tofu

INGREDIËNTEN:
- 1 (14 ounce) pakket extra stevige tofu, bevroren, ontdooid, uitgelekt en geperst
- 1 theelepel sesamolie
- 1/4 kopje natriumarme sojasaus of tamari
- 2 eetlepels rijstazijn
- 2 theelepels gemalen gember, verdeeld
- 2 theelepels maizena of aardappelzetmeel
- 1 theelepel kikkererwtenmeel of bruine rijstmeel

INSTRUCTIES:
a) Snijd het blok tofu in 12 blokjes en doe ze in een luchtdichte verpakking.
b) Meng in een kleine kom de olie, sojasaus, azijn en 1 theelepel gember. Giet het oliemengsel over de in blokjes gesneden tofu, dek de container af en plaats deze in de koelkast om minimaal 1 uur (idealiter 8 uur) te marineren.
c) Giet de gemarineerde tofu af en doe hem in een middelgrote kom. Meng in een kleine kom het maizena, het kikkererwtenmeel en de resterende 1 theelepel gember. Strooi het maïzenamengsel over de uitgelekte tofu en roer voorzichtig met een tang, zodat alle stukjes tofu bedekt zijn.
d) Breng de tofu over naar de airfryer. Kook op 350 ° F gedurende 20 minuten. Schud na 10 minuten.

58. Mongoolse Tofu

INGREDIËNTEN:
- Basis luchtgebakken tofu
- 1/4 kopje natriumarme sojasaus
- 1/4 kopje water
- 1/8 kopje suiker
- 3 teentjes knoflook, fijngehakt
- 1/4 theelepel gemalen gember

INSTRUCTIES:

a) Terwijl de tofu in de airfryer kookt, combineer je de sojasaus, het water, de suiker, de knoflook en de gember in een pan op middelhoog vuur. Breng het mengsel zachtjes aan de kook, zet het vuur onmiddellijk laag en laat het onder af en toe roeren koken.

b) Wanneer de tofu klaar is, doe je deze in de pan en vouw je de tofu voorzichtig door de saus totdat alle blokjes bedekt zijn. Dek af en laat ongeveer 5 minuten op laag vuur sudderen (of totdat de tofu de saus heeft opgenomen).

59.Tofu met Sesamkorst

INGREDIËNTEN:
- 1 (14 ounce) pakket extra stevige tofu, bevroren, ontdooid, uitgelekt en geperst
- 1/4 kopje tamari of sojasaus
- 1/8 kopje rijstazijn
- 1/8 kopje mirin (zie opmerking)
- 2 theelepels sesamolie
- 2 theelepels lichte of donkere agavesiroop of veganistische honing
- 2 theelepels gehakte knoflook
- 1 theelepel geraspte verse gember
- 1 tot 2 sprieten canola-olie
- 2 eetlepels zwarte sesamzaadjes
- 2 eetlepels witte sesamzaadjes
- 1 theelepel aardappelzetmeel

INSTRUCTIES:

a) Doe de tofu in een luchtdicht bakje dat ongeveer zo groot is als het blok tofu, zodat de marinade het geheel bedekt. Meng in een kleine kom de tamari, azijn, mirin, sesamolie, agave, knoflook en gember. Giet de marinade over de tofu, dek de container af en zet deze 1 tot 8 uur in de koelkast (hoe langer hoe beter).

b) Haal de tofu uit de container en snijd hem in de lengte doormidden. Snijd vervolgens elke helft in de lengte doormidden om 4 tofu-steaks te vormen. Wrijf beide zijden van elk stuk in de marinade.

c) Bestrijk de mand van de airfryer met de canola-olie. Verwarm de airfryer gedurende 3 minuten voor op 390 ° F.

d) Strooi de zwarte sesamzaadjes, witte sesamzaadjes en aardappelzetmeel op een groot bord. Combineer goed. Druk een tofu-steak in de zaadjes, draai hem om en druk de andere kant van de tofu in de zaadjes. Plaats de tofu in het mandje van de airfryer en klop de zaadjes bovenop de tofu voorzichtig op hun plaats. Voeg indien nodig meer zaden toe en klop ze voorzichtig in de tofu. Leg het plakje tofu opzij op het bord.

e) Bestrijk de bovenkant van de tofu met extra canola-olie. Kook op 390 ° F gedurende 15 minuten. Gebruik na ongeveer 7 minuten voorzichtig een tang om te controleren of de tofu niet blijft plakken. (Keer de tofu niet om!)

60.Sambal Goreng Tempeh

INGREDIËNTEN:
- 8 ons tempeh, in 12 gelijke blokjes gesneden
- 2 kopjes warm water
- 2 theelepels zeezout
- 1/2 theelepel gemalen kurkuma
- 1 theelepel canola-olie of avocado-olie
- 2 theelepels Tofuna Fyshsaus of 1 theelepel natriumarme sojasaus gemengd met 1/4 theelepel dulsevlokken
- 4 teentjes knoflook
- 1/2 kopje fijngehakte ui
- 1 theelepel chili-knoflookpasta
- 1 theelepel tamarindepasta
- 2 eetlepels tomatenpuree
- 2 eetlepels water
- 2 theelepels ponzu-saus

INSTRUCTIES:
a) Doe de tempeh in een middelgrote kom. Meng in een middelgrote maatbeker het warme water en het zout en giet dit over de tempeh. Laat de tempeh 5 tot 10 minuten weken.

b) Giet de tempeh af en doe hem terug in de kom. Voeg de kurkuma, olie en Tofuna Fysh-saus toe en roer met een tang om goed te coaten.

c) Doe de tempehblokjes in het mandje van de airfryer. Kook op 320 ° F gedurende 10 minuten. Schud de mand van de luchtfriteuse, verhoog de temperatuur tot 400 ° F en kook 5 minuten langer.

d) Terwijl de tempeh in de airfryer zit, combineer je de knoflook, ui, chili-knoflookpasta, tamarindepasta, tomatenpuree, water en ponzu-saus in een keukenmachine en pulseer gedurende 20 tot 30 seconden. Breng dit mengsel over naar een middelgrote pan en breng het op middelhoog vuur snel aan de kook. Dek de saus af, zet het vuur laag en laat 10 minuten sudderen.

e) Doe de gekookte tempeh in de pan en schep deze met een lepel of tang door de saus, zodat elk stuk goed bedekt is. Dek af en laat 5 minuten op laag vuur sudderen.

61. Tempeh Kabobs

INGREDIËNTEN:
- 8 ons tempeh
- 3/4 kopje natriumarme groentebouillon
- Sap van 2 citroenen
- 1/4 kopje natriumarme tamari of sojasaus
- 2 theelepels extra vergine olijfolie
- 1 theelepel ahornsiroop of donkere agavesiroop
- 2 theelepels gemalen komijn
- 1 theelepel gemalen kurkuma
- 1/2 theelepel gemalen zwarte peper
- 3 teentjes knoflook, fijngehakt
- 1 middelgrote rode ui, in vieren gesneden
- 1 kleine groene paprika, in dunne plakjes gesneden
- 1 kopje gesneden champignons met steel
- 1 kop gehalveerde kerstomaatjes

INSTRUCTIES:
a) Stoom de tempeh gedurende 10 minuten in een pan op het vuur. Je kunt de tempeh ook 1 minuut op lage druk stomen in een Instant Pot of snelkookpan; gebruik een snelspanner. Combineer de bouillon, citroensap, tamari, olie, ahornsiroop, komijn, kurkuma, peper en knoflook in een middelgrote kom. Opzij zetten.
b) Snij de tempeh in 12 blokjes. Breng ze over naar een luchtdichte verpakking. Doe de groenten in een tweede luchtdichte container. Giet de helft van de marinade over de tempeh en de andere helft over de groenten. Dek beide af en zet 2 uur (of maximaal een nacht) in de koelkast. Giet de tempeh en groenten af en bewaar de marinade.
c) Rijg 4 blokjes tempeh, afwisselend met de groenten, aan een spies om een kabob te maken. Herhaal dit proces om nog 3 kabobs te maken. Plaats de kabobs in de mand van de airfryer of op het rekaccessoire. (Als u een kleinere heteluchtfriteuse gebruikt, moet u mogelijk in twee batches koken.) Kook gedurende 5 minuten op 390°F. Draai de kabobs om en besprenkel de resterende marinade erover. Kook nog 5 minuten.

62.Gebakken Gigante Bonen

INGREDIËNTEN:

- 1 1/2 kopjes gekookte of ingeblikte boterbonen of grote noordelijke bonen, gespoeld en uitgelekt
- 1 theelepel extra vergine olijfolie of koolzaadolie
- 1 kleine ui, gesneden in halvemaanvormige plakjes van 1/8 inch dik
- 1 teentje knoflook, fijngehakt
- 1 (8-ounce) blikje tomatensaus
- 1 eetlepel grof gesneden verse peterselie
- 1/2 theelepel gedroogde oregano
- 1/2 theelepel veganistische kippenbouillonkorrels of zout (optioneel)
- 1/4 theelepel versgemalen zwarte peper

INSTRUCTIES:

a) Doe de bonen in een airfryer-veilige ovenschaal of pan.
b) Verhit de olie in een middelgrote pan op middelhoog vuur. Voeg de ui en knoflook toe en bak 5 minuten. Voeg de tomatensaus, peterselie, oregano en bouillonkorrels toe. Breng het mengsel aan de kook, dek de pan af, zet het vuur laag en laat het 3 minuten sudderen.
c) Verwarm de airfryer gedurende 3 minuten voor op 360 ° F. Giet het tomatenmengsel over de bonen en meng goed. Strooi de peper over de bonen. Plaats de bonen in het mandje van de airfryer. Kook op 360 ° F gedurende 8 minuten.

63. Persoonlijke pizza's

INGREDIËNTEN:
- 4 ons bereid pizzadeeg of veganistisch pizzadeeg uit de winkel
- 2 sprieten extra vergine olijfolie
- 1/3 kopje pizzasaus
- 1/3 kop niet-zuivel geraspte mozzarella, verdeeld
- 1/2 ui, gesneden in halvemaanvormige plakjes van 1/8 inch dik
- 1/4 kopje gesneden champignons
- 2 tot 3 zwarte of groene olijven, ontpit en in plakjes gesneden
- 4 verse basilicumblaadjes

INSTRUCTIES:

a) Leg het pizzadeeg op een licht met bloem bestoven werkblad en rol het uit of druk het met je handen uit (houd rekening met de grootte van je airfryermand, zodat het past). Bestrijk het deeg met de olie en plaats het deeg met de geoliede kant naar beneden in de mand van de airfryer. Kook op 390 ° F gedurende 4 tot 5 minuten.

b) Zodra het deeg is voorgekookt, opent u de airfryer (wees voorzichtig, want de mand is heet) en verdeel de saus over het deeg. Strooi de helft van de kaas over de saus. Voeg de ui, champignons, olijven en basilicum toe. Strooi de overgebleven kaas over de toppings.

c) Kook op 390°F gedurende 6 minuten (of 7 tot 8 minuten voor een zeer knapperige korst).

d) Gebruik een spatel om de pizza uit de airfryer te halen.

64. Gebakken Hotdogs

INGREDIËNTEN:
- 4 veganistische hotdogs
- 2 theelepels niet-zuivelboter
- 4 Pretzel Hot Dog Buns of veganistische hotdogbroodjes uit de winkel

INSTRUCTIES:
a) Snijd de hotdogs in de lengte door, zonder ze helemaal door te snijden. Verdeel de hotdogs plat, met de snijkant naar boven. Verdeel 1/2 theelepel boter op elke hotdog.
b) Leg de hotdogs met de beboterde kant naar beneden in de airfryer. Kook op 390 ° F gedurende 3 minuten. Verwijder en zet opzij.
c) Plaats de hotdogbroodjes in de airfryer en verwarm gedurende 1 minuut op 400 ° F om ze lichtjes te roosteren. Serveer de hotdogs in de broodjes met je favoriete kruiden.

65.Maïs honden

INGREDIËNTEN:
- 1/2 kop maïsmeel
- 1/2 kopje ongebleekte bloem voor alle doeleinden
- 2 eetlepels kristalsuiker
- 1 theelepel bakpoeder
- 1/2 theelepel paprikapoeder
- 1/2 theelepel gemalen mosterd
- 1/4 theelepel zout
- 1/8 theelepel zwarte peper
- 1/2 kopje ijskoud water
- 2 eetlepels Follow Your Heart VeganEgg
- 1/2 kopje sojamelk
- 6 veganistische hotdogs

INSTRUCTIES:

a) Meng in een grote kom het maïsmeel, de bloem, de suiker, het bakpoeder, de paprika, de mosterd, het zout en de peper.

b) Klop in een kleine kom het water en het Vegan Egg door elkaar. Voeg de melk toe en meng goed. Spatel het watermengsel langzaam door het maïsmeelmengsel en klop tot een glad beslag ontstaat. Giet het beslag in een hoge stenen pot of drinkglas. Verwarm de airfryer gedurende 5 minuten voor op 390 ° F.

c) Leg 6 (3 x 5-inch) stukjes perkamentpapier neer (groot genoeg om elke gehavende maïshond te rollen).

d) Plaats 1 hotdog op een houten stokje en doop deze in het beslag.

e) Leg de maïshond op een vierkant bakpapier en rol de gehavende hotdog op. Herhaal dit proces met de resterende hotdogs. De laatste kan rommelig worden; Plaats het indien nodig op een bord, schraap het resterende beslag uit de glazen pot en wrijf het beslag over de hotdog voordat u hem in bakpapier oprolt.

f) Plaats de verpakte maïshonden in een grote diepvrieszak en leg deze plat in de vriezer. Zet minimaal 2 uur in de vriezer.

g) Haal de gehavende maïshonden uit de vriezer en pak ze uit. Plaats een stuk perkamentpapier in de mand van de airfryer (voldoende om de bodem te bedekken, maar zonder overtollig papier boven de bodem van de mand). Plaats de maïshonden op het perkamentpapier.

h) Het kan zijn dat je dit in batches moet doen, afhankelijk van de grootte van de airfryer; Als dat het geval is, laat dan de resterende maïshonden in de vriezer totdat u klaar bent om ze te gebruiken. Kook op 390 ° F gedurende 12 minuten.

66.Gevulde Gebakken Aardappelen

INGREDIËNTEN:
- 2 middelgrote roodbruine aardappelen, geschrobd
- 1 kopje overgebleven zelfgemaakte chili of stoofpot of 1 (15 ounce) blikje veganistische chili of stoofpot
- 1/2 kopje zuivelvrije geraspte cheddar of mozzarella
- 1/4 kopje zuivelvrije zure room
- 2 eetlepels fijngehakte bieslook

INSTRUCTIES:
a) Prik met een vork gaatjes in de aardappelen en leg ze in de mand van de airfryer. Kook op 390 ° F gedurende 30 minuten.
b) Verwarm de chili op het fornuis of in de magnetron tot hij heet is.
c) Haal de aardappelen voorzichtig uit het mandje en snijd ze in de lengte door, zonder ze helemaal door te snijden. Schep 1/2 kopje hete chili in elke aardappel. Voeg 1/4 kopje kaas toe over elke aardappel.
d) Doe de aardappelen terug in de heteluchtfriteuse en kook nog 5 tot 10 minuten langer op 390 ° F. Serveer de aardappelen met een klodder zure room en bieslook.

67. Gebakken groene bonen en spek

INGREDIËNTEN:
- 6 ons Tempeh Bacon of veganistisch spek uit de winkel
- 1 theelepel Vegan Magic of DIY "Vegan Magic"
- 1 theelepel kristalsuiker
- 12 ons verse haricots verts (sperziebonen)

INSTRUCTIES:
a) Doe het spek in het mandje van de airfryer. Kook op 390 ° F gedurende 5 minuten.
b) Combineer de Vegan Magic en suiker in een airfryerbestendige pan. Voeg de haricots verts toe en roer ze met een tang zodat ze bedekt zijn met het Vegan Magic-mengsel.
c) Haal het spek uit de mand van de airfryer. Snijd het spek voorzichtig in blokjes. Voeg het spek toe aan de pan en meng met de haricots verts.
d) Kook op 390 ° F gedurende 4 minuten.

68.Gebakken spaghetti

INGREDIËNTEN:

- 4 ons dunne spaghetti
- 1 theelepel extra vergine olijfolie
- 8 ons veganistische rundvleeskruimels
- 1/4 kop fijngehakte ui
- 2 teentjes knoflook, fijngehakt
- 1 theelepel gedroogde oregano
- 1 theelepel gedroogde basilicum
- 1 tot 2 spritzes extra vergine olijfolie
- 1 (15 ounce) pot Marinara-saus
- 1 kopje niet-zuivel geraspte mozzarellakaas

INSTRUCTIES:

a) Kook de spaghetti in een grote pan met kokend water tot deze al dente is, ongeveer 8 minuten. Giet af en zet opzij.

b) Verhit de olie in een grote koekenpan op laag vuur. Voeg de kruimels, ui, knoflook, oregano en basilicum toe. Bak tot de kruimels zijn opgewarmd, 5 tot 7 minuten.

c) Spuit een airfryerveilig gerecht dat in de airfryer past met de olie. Doe de helft van de spaghetti in de schaal. Voeg de helft van de kruimels, de helft van de marinarasaus en de helft van de kaas toe. Voeg de resterende spaghetti, de resterende kruimels, nog een laag marinarasaus en de resterende kaas toe. Kook op 350 ° F gedurende 15 minuten.

69. Vlees-y-ballen

INGREDIËNTEN:
- 1/2 kopje droge TVP
- 1/2 kopje groentebouillon
- 1 1/2 kopjes gekookte (of ingeblikte) cannellinibonen, uitgelekt en gespoeld
- 1/4 kopje gemalen lijnzaad
- 2 eetlepels sesamzaadjes
- 2 eetlepels kikkererwtenmeel
- 1 theelepel zeezout
- 2 eetlepels edelgist
- 1 theelepel gedroogde basilicum
- 1 theelepel gedroogde tijm
- 1 theelepel hete saus
- 1 tot 2 sprieten canola-olie

INSTRUCTIES:

a) Plaats de TVP in een middelgrote kom en giet de bouillon erover. Laat de TVP gedurende 10 minuten rehydrateren. Breng de TVP over naar een keukenmachine en voeg de bonen, lijnzaad, sesamzaad, bloem, zout, edelgistvlokken, basilicum, tijm en hete saus toe. Pulseer totdat de ingrediënten een deegachtige consistentie vormen.

b) Vorm gehaktballetjes door ongeveer 2 eetlepels van het TVP-mengsel uit te scheppen en ze in de handpalmen te rollen.

c) Bestrijk de mand van de airfryer met de olie. Plaats de gehaktballetjes in het mandje (het kan zijn dat u meer dan één batch moet bereiden, afhankelijk van de grootte van uw airfryer).

d) Kook op 360 ° F gedurende 10 tot 12 minuten en schud halverwege de kooktijd.

70. Gebakken Seitan in Chick'n-stijl

INGREDIËNTEN:
- 1 kopje Droge Seitanmix
- 3/4 kopje veganistische kippenbouillon
- 1 eetlepel natriumarme tamari
- 1/2 theelepel koolzaadolie
- 1/2 theelepel zwarte bandmelasse
- 1 tot 2 spritz plantaardige oliespray

INSTRUCTIES:

a) Giet het droge seitanmengsel in een staande mengkom.

b) Meng in een kleine kom de bouillon, tamari, koolzaadolie en melasse.

c) Monteer de keukenmixer met de deeghaak en zet de mixer op laag. Voeg het bouillonmengsel langzaam toe aan het droge seitanmengsel. Zet de snelheid van de keukenmixer op hoog en kneed de seitan gedurende 5 minuten.

d) Vet een 7-inch bakvorm in met 1 tot 2 sprieten plantaardige olie. Druk de seitan in de pan. (Als deze te groot is voor uw airfryer, zoek dan een ovenbestendige pan van het juiste formaat. Het kan zijn dat u de seitan in twee porties moet koken.) Bedek de bakvorm met folie.

e) Plaats de pan in de airfryer. Kook op 350 ° F gedurende 10 minuten. Haal de pan uit de airfryer, haal het deksel eraf, draai de seitan om met een spatel en dek de pan opnieuw af. Kook 10 minuten langer.

71. Droge Seitanmix

INGREDIËNTEN:
- 3 kopjes vitale tarwegluten
- 1/2 kop kikkererwtenmeel
- 1/4 kopje voedingsgist
- 4 theelepels veganistische kipkruiden
- 1 theelepel knoflookpoeder
- 1 theelepel versgemalen zwarte peper

INSTRUCTIES:

a) Combineer de gluten, bloem, edelgistvlokken, kipkruiden, knoflookpoeder en peper in een grote kom.

b) Breng het mengsel over in een luchtdichte verpakking, zoals een grote stenen pot, en bewaar het maximaal 3 maanden in de koelkast.

72. Chic'n-Fried biefstuk

INGREDIËNTEN:
- 1 kopje Droge Seitanmix
- 3/4 kop veganistische kippenbouillon
- 1 eetlepel natriumarme tamari
- 1/2 theelepel koolzaadolie
- 1/2 theelepel zwarte bandmelasse
- 1 tot 2 sprieten plantaardige olie
- 1/2 kopje sojamelk of andere niet-zuivelmelk
- 3 eetlepels barbecuesaus
- 3 eetlepels kikkererwtenmeel
- 1 kopje ongebleekte bloem voor alle doeleinden
- 1/4 kopje voedingsgist
- 2 eetlepels maïsmeel
- 1 theelepel knoflookpoeder
- 1/2 theelepel zeezout
- 1/4 theelepel zwarte peper

INSTRUCTIES:
a) Giet het droge seitanmengsel in een staande mengkom.
b) Meng in een kleine kom de bouillon, tamari, koolzaadolie en melasse.
c) Monteer de keukenmixer met de deeghaak en zet de mixer op laag. Voeg het bouillonmengsel langzaam toe aan het droge seitanmengsel. Zet de snelheid van de mixer op hoog en kneed de seitan gedurende 5 minuten.
d) Spuit een bakvorm van 7 x 7 x 3 inch in met 1 tot 2 sprieten plantaardige oliespray. Druk de seitan in de voorbereide pan. (Als deze maat pan te groot is voor uw airfryer, zoek dan een ovenbestendige pan van het juiste formaat. Het kan zijn dat u de seitan in twee porties moet koken.) Bedek de bakvorm met folie.
e) Plaats de pan in de airfryer. Kook op 350 ° F gedurende 10 minuten. Haal de pan uit de airfryer, haal het deksel eraf, draai de seitan om met een spatel en dek de pan opnieuw af. Kook 10 minuten langer. Haal de seitan uit de airfryer en zet opzij.
f) Meng in een middelgrote kom de melk, de barbecuesaus en het kikkererwtenmeel in een middelgrote kom.

g) Meng in een kleine kom het bloem voor alle doeleinden, edelgistvlokken, maïsmeel, knoflookpoeder, zout en peper. Breng de helft van het bloemmengsel voor alle doeleinden over in een luchtdichte container en de andere helft in een ondiepe schaal om te baggeren.

h) Verwarm de airfryer gedurende 3 minuten voor op 370 ° F. Zodra de seitan voldoende is afgekoeld om aan te raken, snijdt u deze in 4 stukken.

i) Doop elk stukje seitan in het melkmengsel. Haal vervolgens de seitan door het bloemmengsel voor alle doeleinden. Voeg indien nodig meer van het bloemmengsel voor alle doeleinden uit de luchtdichte verpakking toe (bewaar anders het overgebleven bloemmengsel in de koelkast voor toekomstig gebruik). Gooi het melkmengsel niet weg nadat alle stukjes seitan zijn gehavend.

j) Kook de gehavende seitan gedurende 2 minuten op 370°F. Draai de seitan om met een tang en kook nog 2 minuten. Haal de gefrituurde steaks uit de airfryer en dompel ze terug in het resterende melkmengsel, draai ze om zodat beide kanten bedekt zijn.

k) Doe de gefrituurde steaks terug in de airfryer en bak nog 3 minuten.

73.Chic'n Pot-taart

INGREDIËNTEN:
- Gebakken koekjesdeeg of één (16 ounce) tube bereide veganistische koekjes
- 1 theelepel extra vergine olijfolie (optioneel)
- 2 teentjes knoflook, fijngehakt
- 1 kopje fijngehakte ui
- 1/2 kop fijngehakte wortel
- 1/2 kop grof gesneden selderij
- 1 theelepel gedroogde tijm
- 1/2 theelepel zeezout
- 1/4 theelepel zwarte peper
- 4 ons veganistische kippenreepjes, ontdooid indien bevroren
- 1 kopje Mushroom White Bean Gravy of Pacific-merk of veganistische champignonjus van het merk Imagine

INSTRUCTIES:
a) Maak de helft van het koekjesdeeg klaar en zet apart (niet bakken).
b) Verhit de olie in een grote koekenpan op middelhoog vuur. Voeg de knoflook, ui, wortel, selderij, tijm, zout en peper toe en kook 5 tot 8 minuten, tot de wortels zacht zijn en een beetje knapperig zijn.
c) Snijd de kipreepjes grof en doe ze in de pan. Giet de jus in de pan, roer en breng het mengsel aan de kook. Dek af, zet het vuur laag en laat 10 minuten sudderen.
d) Verdeel het pottaartmengsel over 2 (5-inch diameter) schaaltjes of bakvormen.
e) Verwarm de airfryer voor op 360° gedurende 5 minuten. Als u gebakken koekjesdeeg gebruikt, verdeel het deeg dan in tweeën. Maak met je handen 2 stukken deeg plat, zodat je ze over elk schaaltje legt. Als u in de winkel gekochte koekjes gebruikt, zijn de ingrediënten in totaal 4 koekjes. Combineer met je handen 2 koekjes en druk ze plat tot een deeg om een schaaltje te bedekken. Herhaal dit proces om een tweede stuk deeg te maken voor de andere vorm.
f) Neem 1 helft koekjesdeeg en bedek een schaaltje. Vouw het deeg rond de rand van de schaal om het pottaartmengsel volledig te bedekken. Herhaal dit proces met de andere helft van het koekjesdeeg en de andere vorm.
g) Plaats de schaaltjes in de airfryer. (Het kan zijn dat u één pottaart per keer moet bereiden, afhankelijk van de grootte van uw heteluchtfriteuse; als dat het geval is, plaatst u de eerste gekookte pottaart in een warme oven terwijl u de tweede kookt.)
h) Kook de pottaarten gedurende 8 minuten op 360 ° F, tot ze goudbruin zijn. Gebruik siliconenhandschoenen of hete pads met een spatel om de taarten voorzichtig uit de airfryer te halen.

74. Gebakken Taco's

INGREDIËNTEN:
- 4 (6-inch) bloemtortilla's
- 4 sprites canola-oliespray
- 2 kopjes bevroren veganistisch gekruide rundvleeskruimels (zoals Beyond Meat Feisty Crumble)
- 1 kopje geraspte zuivelvrije cheddar of peper Jack-kaas
- 2 kopjes geraspte sla
- 1 kop fijngehakte tomaten
- 1/2 kopje fijngehakte ui

INSTRUCTIES:
a) Verwarm de airfryer gedurende 3 minuten voor op 360 ° F. Plaats een roestvrijstalen tacohouder in de airfryer.
b) Bestrijk één kant van de tortilla's met koolzaadolie. Plaats de tortilla's in de tacohouder, met de geoliede kant naar buiten. Schep 1/2 kopje rundvleesbrokkels in elke tortilla. Voeg 1/4 kopje kaas toe aan elke tortilla.
c) Kook op 360 ° F gedurende 8 minuten.
d) Haal de tacostandaard met een tang uit de airfryer. Garneer elke taco met 1/2 kopje sla, 1/4 kopje tomaten en 2 eetlepels ui.

75. Gastronomische gegrilde kaas

INGREDIËNTEN:
- 1 kleine Anjou- of Aziatische peer (of een andere sappige, zachte peer)
- 1 kleine Vidalia of zoete ui
- 1/4 theelepel suiker
- 1/2 tot 1 theelepel extra vergine olijfolie of zuivelvrije boter
- 1/2 kop zuivelvrije roomkaas
- 4 sneetjes zuurdesembrood of ander knapperig brood
- 2 tot 4 spritzes extra vergine olijfolie

INSTRUCTIES:
a) Snijd de peer in de lengte in dunne plakjes. Snijd de ui in dunne halvemaanvormige plakjes. Leg de peer, ui en suiker op een stuk folie.
b) Sprenkel de olie over (of doe de boter op) de peer en ui. Wikkel de folie losjes om de peer en ui. Plaats het foliezakje in de luchtfriteuse. Kook op 390 ° F gedurende 15 minuten.
c) Verwijder het foliezakje uit de airfryer met een tang of spatel, open de folie om de stoom vrij te laten en zet opzij.
d) Verdeel 2 eetlepels roomkaas op 1 sneetje brood. Plaats met een tang de helft van de gekarameliseerde peer en ui op de roomkaas. Verdeel nog eens 2 eetlepels roomkaas op een ander sneetje brood. Leg dit sneetje brood op de peer en ui.
e) Herhaal dit proces om de tweede sandwich te maken. Spuit de mand van de airfryer in met de olie. Leg de sandwiches in de airfryer.
f) Bestrijk de bovenkant van het brood met nog meer olie. Kook op 390 ° F gedurende 5 tot 7 minuten, tot het brood goudbruin is.

76. Geroosterde Kikkererwten en Broccoli

INGREDIËNTEN:
- 1 (15 ounce) blik kikkererwten, uitgelekt, gespoeld en drooggedept
- 1/2 kopje dunne plakjes halve maanui
- 1 theelepel koolzaadolie
- 1 theelepel natriumarme sojasaus
- 1 theelepel gemalen gember
- 1/2 theelepel gegranuleerde knoflook
- 1/2 theelepel zwarte peper
- 1/2 theelepel kerriepoeder
- 2 kopjes broccoliroosjes
- 1 eetlepel sesamzaadjes, voor serveren

INSTRUCTIES:
a) Meng de kikkererwten, ui, olie en sojasaus in een grote kom. Voeg de gember, de knoflookkorrels, de peper en het kerriepoeder toe en roer tot alle kikkererwten goed bedekt zijn.
b) Doe de kikkererwten met een schuimspaan in het mandje van de airfryer (om de olie en de sojasausmarinade te bewaren). Kook gedurende 7 minuten op 390°F en schud gedurende 5 minuten.
c) Meng de broccoli in een grote kom met de overgebleven marinade.
d) Doe het over in de airfryer nadat de kikkererwten en ui 7 minuten hebben gekookt. Meng de broccoli voorzichtig met de kikkererwten en ui.
e) Ga nog eens 5 minuten door met koken op 390°F en schud halverwege de kooktijd, totdat de broccoli gaar is maar nog een lichte knapperigheid behoudt.
f) Strooi 1/2 eetlepel sesamzaad over elke portie.

77. Seitan Fajitas

INGREDIËNTEN:

- 8 ons gebakken Chick'n-Style Seitan , gesneden in 1/2-inch dikke reepjes of in de winkel gekochte seitanreepjes
- 1 grote rode paprika, gesneden in reepjes van 1/4 inch dik
- 1 grote groene paprika, gesneden in reepjes van 1/4 inch dik
- 1 middelgrote ui, gesneden in halvemaanvormige plakjes van 1/4 inch dik
- 3 teentjes knoflook, grof gesneden
- 1 theelepel koolzaadolie
- 1/2 theelepel chilipoeder
- 1/2 theelepel gemalen komijn
- 1/2 theelepel paprikapoeder
- 1/4 theelepel zeezout
- 1/4 theelepel zwarte peper
- 4 bloemtortilla's (12 inch).

INSTRUCTIES:

a) Doe de seitanplakken in een grote kom (als u verpakte seitan gebruikt, laat deze dan uitlekken voordat u ze aan de kom toevoegt).
b) Voeg de rode paprika, groene paprika, ui en knoflook toe aan de kom met de seitan.
c) Sprenkel de olie over de seitan en de groenten en schep ze met een tang door elkaar zodat ze bedekt zijn. Voeg het chilipoeder, komijn, paprikapoeder, zout en peper toe en roer om te combineren.
d) Breng het mengsel over naar de mand van de airfryer. Kook op 370 ° F gedurende 10 tot 12 minuten en schud halverwege de kooktijd.
e) Verwarm de tortilla's in de oven of magnetron.
f) Stel de fajitas samen door een vierde van de seitan en de groenten in elke tortilla te doen.

78.Taco salade

INGREDIËNTEN:
- 4 bloemtortilla's (8 inch).
- 8 ons gebakken Chick'n-Style Seitan of in de winkel gekochte seitan, grof gehakt
- 1 (15 ounce) blik pintobonen, uitgelekt en gespoeld
- 3/4 kopje salsa
- 1/2 kopje fijngehakte ui
- 1 kopje geraspte niet-zuivel-cheddarkaas
- 2 kopjes fijn gesneden sla
- 1 kop fijngehakte tomaten

INSTRUCTIES:
a) Druk de tortilla's in schaalvormpjes. Opzij zetten.
b) Doe de seitan in een middelgrote kom. Voeg de bonen, salsa en ui toe. Combineer goed.
c) Verdeel het seitanmengsel over de tortilla's. Waarschijnlijk kunt u slechts 2 tacosalades tegelijk maken in een grote heteluchtfriteuse en 1 in een kleine heteluchtfriteuse. Zet de oven aan om elke tacosalade op te warmen zodra deze uit de airfryer komt.
d) Plaats zoveel tortillaschelpen in de airfryer als er passen. Kook op 360 ° F gedurende 5 minuten.
e) Voeg 1/2 kopje kaas toe aan elke tortilla. Kook 2 minuten langer op 360 ° F. Zet de gekookte tortillakommen in de oven om ze op te warmen terwijl je de volgende set klaarmaakt.
f) Wanneer alle tortillakommen gaar zijn, schuift u ze voorzichtig met een tang van de tortillaschaalvorm naar een serveerschaal. Voeg 1 kopje geraspte sla en 1/2 kopje tomaten toe aan elke tacosalade.

79. Tempeh Gebakken Rijst

INGREDIËNTEN:
- 8 ons tempeh
- 1/2 kop grof gesneden shiitake-paddenstoelen
- 1/2 kop plus 1 eetlepel natriumarme sojasaus, verdeeld
- 2 eetlepels ahornsiroop
- 1 theelepel extra vergine olijfolie
- 2 teentjes knoflook, fijngehakt
- 1/2 kopje ijskoud water
- 2 eetlepels Follow Your Heart VeganEgg
- 1/4 theelepel zwart zout
- 1 1/2 kopjes gekookte bruine rijst
- 2 eetlepels edelgist
- 1 kopje taugé
- 1 kopje geraspte kool
- 1 theelepel chilipasta

INSTRUCTIES:

a) Stoom de tempeh gedurende 10 minuten in een middelgrote pan op het vuur (of gedurende 1 minuut op lage druk in een Instant Pot of snelkookpan; gebruik een quick release). Snijd de tempeh in 12 stukken en doe deze in een ondiepe schaal. Voeg de champignons toe.

b) Klop in een kleine kom een half kopje sojasaus, ahornsiroop, olie en knoflook door elkaar. Giet de marinade over de tempeh en champignons. Bedek de schaal met folie en laat het minimaal 30 minuten (of maximaal een hele nacht) marineren.

c) Verwarm de airfryer gedurende 5 minuten voor op 390 ° F. Pureer het water, het VeganEgg en het zwarte zout samen in een blender. Doe de gemarineerde tempeh en champignons in een airfryerpan of bakpan met anti-aanbaklaag die in uw airfryer past. Voeg de gekookte rijst toe aan de pan.

d) Giet het VeganEgg-mengsel over de rijst. Voeg de edelgist, spruitjes, kool, de resterende 1 eetlepel sojasaus en chilipasta toe.

e) Meng goed en dep de rijst naar beneden. Kook gedurende 10 minuten op 390°F en schep het rijstmengsel halverwege de kooktijd met een tang om.

80.Sojakrul Kimchee-loempia's

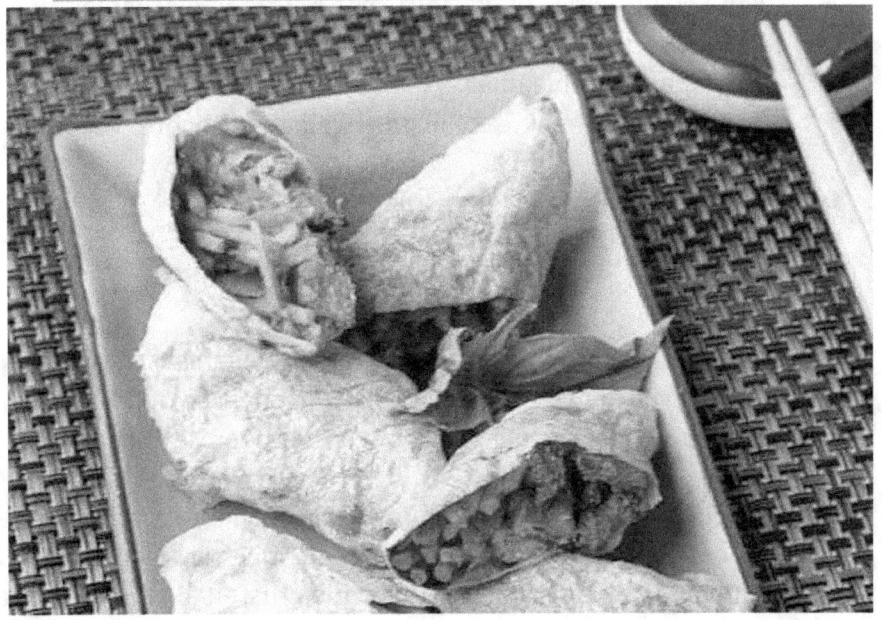

INGREDIËNTEN:
- 1 kop Soy Curl Fries of veganistische bevroren kipreepjes
- 1 kleine wortel
- 4 verse basilicumblaadjes
- 1/2 kop zelfgemaakte of in de winkel gekochte veganistische kimchee
- 4 (6 tot 8 1/2 inch) vellen rijstpapier
- 2 tot 3 sprieten canola-olie

INSTRUCTIES:
a) Maak de Soy Curl Fries klaar. Als je veganistische kipreepjes gebruikt, ontdooi ze dan en snijd ze in de lengte doormidden.
b) Snijd de wortel in luciferstokjes en verdeel de luciferstokjes in vieren.
c) Dompel 1 vel rijstpapier gedurende 5 seconden in warm water of tot het vochtig is. Plaats het vochtige rijstpapier op een werkoppervlak en laat het 30 seconden rusten of tot het buigzaam is. Leg 1 basilicumblaadje op het rijstpapier. Voeg een kwart van de wortelluciferstokjes, 2 eetlepels kimchee en 1/4 kopje Soy Curl Fries toe.
d) Rol het rijstpapier op door de rand weg te trekken van de snijplank. Rol de vulling over terwijl u de vulling onder de wikkel verzamelt en stopt, totdat u bij het einde van het papier komt. Herhaal dit proces totdat je 4 loempia's hebt gemaakt.
e) Spuit 1 tot 2 sprieten canola-olie op de mand van de airfryer. Plaats de loempia's in de mand van de airfryer en bestrijk de bovenkant van de broodjes met de resterende 1 tot 2 spritzolie. Kook gedurende 6 minuten op 400°F en schud halverwege de kooktijd.

81. Lasagne ovenschotel

INGREDIËNTEN:
- 1 kleine courgette
- 1 kleine gele pompoen
- 1 middelgrote ui
- 1 grote rode paprika
- 5 ons zuivelvrije mozzarella-kaas in buffelstijl
- 1/4 kopje gesneden, ontpitte, in olie gezouten zwarte olijven
- 1 theelepel gedroogde basilicum
- 1 theelepel zeezout
- 1/2 theelepel gedroogde oregano
- 1/4 theelepel rode pepervlokken
- 1/4 theelepel gemalen zwarte peper
- 1 (15 ounce) blikje tomatensaus
- 1/4 kop geraspte niet-zuivelparmezaanse kaas

INSTRUCTIES:
a) Snijd de courgette en gele pompoen in de lengte in reepjes van 1/8 tot 1/4 inch dik. Verdeel beide in twee delen.
b) Snijd de ui in halvemaanvormige plakjes. Verdeel de plakjes in drie delen. Snijd de paprika in de lengte in reepjes van 1 1/2 inch. Verdeel de stroken in drie delen.
c) Snijd de mozzarella in blokjes van 1/4 inch. Doe de blokjes in een kleine kom en voeg de olijven, basilicum, zout, oregano, rode pepervlokken en peper toe. Meng goed en verdeel het mengsel in drie delen.
d) Verwarm de airfryer gedurende 5 minuten voor op 360° F. Verdeel een halve kop tomatensaus op de bodem van een bakvorm van 6 tot 7 inch. Leg een deel courgette, pompoen, ui en paprika op de tomatensaus. Voeg het eerste derde deel van het mozzarellamengsel toe. Herhaal dit proces voor nog 2 lagen. Bestrooi de bovenste laag met de Parmezaanse kaas.
e) Bedek de bakvorm met folie, breng het over naar de heteluchtfriteuse en kook gedurende 15 minuten op 360° F. Ontdek en kook nog 10 minuten.

82.Aardappelen, spruiten en sojakrullen

INGREDIËNTEN:
- 1 grote roodbruine aardappel, in blokjes van 1/2 inch gesneden
- 1 1/2 theelepel canola-olie, verdeeld
- 1/2 theelepel zeezout
- 1/4 theelepel zwarte peper
- 2 kopjes droge sojakrullen
- 2 kopjes warm water
- 16 ons spruitjes, bijgesneden en in de lengte gehalveerd
- 1 theelepel balsamicoazijn
- 1 1/2 theelepel vegan rundvleesbouillongranulaat
- 1 theelepel gemalen komijn
- 1 theelepel chilipoeder
- 1 theelepel gedroogde dille
- 1 eetlepel kikkererwtenmeel
- 1 eetlepel maizena

INSTRUCTIES:
a) Meng de aardappel met een halve theelepel olie, zout en peper en doe hem in de airfryer. Kook op 400 ° F gedurende 10 minuten. Rehydrateer de sojakrullen in een middelgrote kom gedurende 10 minuten in het warme water. Meng de spruitjes in een middelgrote kom met een halve theelepel canola-olie en de azijn.
b) Wanneer de airfryer na 10 minuten piept, doe je de spruitjes samen met de aardappelen in de airfryer. Schud en kook op 400 ° F gedurende 3 minuten.
c) Giet de sojakrullen af, doe ze terug in de kom en meng ze met de bouillonkorrels, komijn, chilipoeder, dille, kikkererwtenmeel, maizena en de resterende 1/2 theelepel canola-olie.
d) Wanneer de airfryer na 3 minuten piept, doe je de gecoate sojakrullen in het mandje met de aardappelen en spruitjes.
e) Schud en stel de timer in op 15 minuten. Schud elke 5 minuten.

83. Calzone

INGREDIËNTEN:
- 4 ons bereid pizzadeeg of veganistisch pizzadeeg uit de winkel
- 1/4 kop geraspte niet-zuivelmozzarellakaas
- 1/4 kop gesneden champignons
- 1/4 kop gesneden ui
- 2 ons veganistische seitankruimels in Italiaanse stijl of veganistische pepperoni
- 1/4 kop pizzasaus
- 1/2 theelepel gedroogde oregano
- 1/2 theelepel gedroogde basilicum
- 1/2 kopje losjes verpakte babyspinazieblaadjes
- 2 tot 3 spritzes extra vergine olijfolie of koolzaadolie

INSTRUCTIES:
a) Laat het pizzadeeg op kamertemperatuur komen. Druk het deeg met de hand aan of rol het uit tot ongeveer 25 centimeter.
b) Als u een grillinzet gebruikt, plaats deze dan in de airfryer. Verwarm de airfryer voor op 390 ° F.
c) Monteer lagen op de ene helft van het opgerolde deeg. Begin met de kaas en voeg dan de champignons, ui, seitankruimels, pizzasaus, oregano, basilicum en spinazie toe. Draai de andere helft van het deeg over de vulling. Krimp de randen door de onderste laag deeg over de bovenste laag te trekken.
d) Snij drie kleine plakjes op het bovenste gedeelte van het deeg om te ventileren. Bestrijk het grillinzetstuk of de mand van de airfryer met de olie. Gebruik een grote spatel om de calzone over te brengen naar de mand van de airfryer. Bestrijk de bovenkant van de calzone met extra olie.
e) Kook op 390 ° F gedurende 7 tot 8 minuten, tot de korst goudbruin is. Schuif de calzone op een snijplank of serveerschaal. Snij in 2 stukken en serveer.

84. Gebakken Sushibroodjes

INGREDIËNTEN:
- 4 (6 tot 8 1/2 inch) vellen rijstpapier
- 4 vellen nori (8 x 7 inch).
- 1/4 kop gekookte sushirijst op kamertemperatuur
- 1/4 kopje ontdooide edamame
- 1 kop dun gesneden rode paprika, wortel en jicama
- 1 tot 2 spritzes avocado-olie of extra vergine olijfolie

INSTRUCTIES:

a) Dompel 1 vel rijstpapier ongeveer 5 seconden in warm water of tot het vochtig is. Plaats het vochtige rijstpapier op een werkoppervlak en laat het 30 seconden rusten of tot het buigzaam is.

b) Leg 1 norivel op het natte rijstpapier. Schep 1 eetlepel sushirijst op het norivel en maak een lijn met de rijst. Schep 1 eetlepel edamame op het norivel naast de rijst, zodat er een nieuwe lijn ontstaat. Verzamel 1/4 kopje van het gesneden groentemengsel naast de rijst en edamame.

c) Rol het rijstpapier op door de rand weg te trekken van de snijplank. Rol over de vulling terwijl je het norivel verzamelt en wegstopt en onder het rijstpapier vult, totdat je bij het einde van het papier komt. Herhaal dit proces totdat je 4 rollen hebt gemaakt.

d) Plaats de broodjes in de mand van de airfryer. Bestrijk de rolletjes met de olie. Kook gedurende 5 minuten op 390°F en schud halverwege de kooktijd.

BIJGERECHTEN

85. Airfryer Bloemkool

INGREDIËNTEN:
- 3/4 eetlepels hete saus
- 1 Eetlepel avocado-olie
- Zout naar smaak
- 1 middelgrote bloemkoolkroon, in stukjes gesneden, gewassen en volledig drooggedept

INSTRUCTIES:
a) Verwarm de airfryer voor op 200 graden Celsius
b) Meng de hete saus, amandelmeel, avocado-olie en zout in een grote kom.
c) Voeg de bloemkool toe en meng tot het bedekt is.
d) Doe de helft van de bloemkool in de airfryer en bak 1215 minuten (of tot hij knapperig is aan de randen en nog een beetje beet heeft, of tot hij de gewenste gaarheid heeft bereikt).
e) Zorg ervoor dat je de airfryer opent en de frituurmand 23 keer schudt om de bloemkool te laten draaien. Verwijder en zet opzij.
f) Voeg de tweede portie toe, maar kook deze 23 minuten minder .
g) Serveer warm (hoewel ze ook koud geserveerd kunnen worden) met wat extra hete saus om te dippen.

86.Jicama frietjes

INGREDIËNTEN:
- 8 kopjes Jicama, geschild, in dunne luciferstokjes gesneden
- 2 Eetlepels Olijfolie
- 1/2 theelepel Knoflookpoeder
- 1 theelepel komijn
- 1 theelepel Zeezout
- 1/4 theelepel Zwarte peper

INSTRUCTIES:
a) Kook een grote pan water op het fornuis. Voeg de jicamafrietjes toe en kook gedurende 12 tot 15 minuten, tot ze niet meer knapperig zijn.
b) Als de jicama niet meer knapperig is, verwijder hem dan en dep hem droog.
c) Zet de airfryeroven op 400 graden en laat hem 2 tot 3 minuten voorverwarmen. Vet de airfryerrekken of -mand die u gaat gebruiken in.
d) Doe de frietjes in een grote kom, samen met de olijfolie, knoflookpoeder, komijn en zeezout. Gooi om te coaten.

87.Plantaardige Kabobs

INGREDIËNTEN:
- 1 kop (75 g) champignons
- 1 kop (200 g) druiventomaten
- 1 kleine courgette in stukjes gesneden
- 1/2 theelepel gemalen komijn
- 1/2 paprika gesneden
- 1 kleine ui in stukjes gesneden (of 34 kleine sjalotjes, gehalveerd)
- Zout naar smaak

INSTRUCTIES:
a) spiesjes minimaal 10 minuten in water voordat u ze gebruikt.
b) Verwarm een airfryer voor op 390F / 198C.
c) Rijg de groenten aan de spiesjes.
d) Plaats de spiesjes in de airfryer en zorg ervoor dat ze elkaar niet raken. Als de mand van de airfryer klein is, moet u mogelijk de uiteinden van de spiesen op maat afknippen.
e) Kook gedurende 10 minuten en draai halverwege de kooktijd. Omdat de temperaturen in de airfryer kunnen variëren, begin je met minder tijd en voeg je indien nodig meer toe.
f) Doe de vegetarische kabobs op een bord en serveer.

88. Spaghettipompoen

INGREDIËNTEN:
- 1 (2 pond) spaghettipompoen
- 1 kopje water
- Koriander om te serveren
- 2 eetlepels verse koriander om te garneren

INSTRUCTIES:
a) Snijd de pompoen doormidden. Verwijder de zaden uit hun midden.
b) Giet een kopje water in het inzetstuk van de Instant Pot en plaats de onderzetter erin.
c) Leg de twee helften van de pompoen op de onderzetter, met de huid naar beneden.
d) Sluit het deksel en selecteer "Handmatig" met hoge druk gedurende 20 minuten.
e) Na de pieptoon voert u een natuurlijke release uit en verwijdert u het deksel.
f) Verwijder de pompoen en gebruik twee vorken om hem van binnenuit te versnipperen.
g) Serveer indien nodig met pittige varkensvulling.

89. Komkommer Quinoa Salade

INGREDIËNTEN:
- ½ kopje quinoa, afgespoeld
- ¾ kopje water
- ¼ theelepel zout
- ½ wortel, geschild en in stukjes gesneden
- ½ komkommer, gehakt
- ½ kopje bevroren edamame, ontdooid
- 3 groene uien, gehakt
- 1 kopje geraspte rode kool
- ½ eetlepel sojasaus
- 1 eetlepel limoensap
- 2 eetlepels suiker
- 1 eetlepel plantaardige olie
- 1 eetlepel vers geraspte gember
- 1 eetlepel sesamolie
- snufje rode pepervlokken
- ½ kopje pinda's, gehakt
- ¼ kopje vers gehakte koriander
- 2 eetlepels gehakte basilicum

INSTRUCTIES:
a) Voeg de quinoa, het zout en het water toe aan de Instant Pot.
b) Sluit het deksel en selecteer de functie "Handmatig" met hoge druk gedurende 1 minuut.
c) Na de piep maakt u een snelle ontgrendeling en verwijdert u het deksel.
d) Doe ondertussen de overige ingrediënten in een kom en meng goed.
e) Voeg de gekookte quinoa toe aan het bereide mengsel en meng goed.
f) Serveer als salade.

90.Limoen Aardappelen

INGREDIËNTEN:
- ½ eetlepel olijfolie
- 2 ½ middelgrote aardappelen, geschrobd en in blokjes
- 1 eetlepel verse rozemarijn, gehakt
- Versgemalen zwarte peper naar smaak
- ½ kopje groentebouillon
- 1 eetlepel vers citroensap

INSTRUCTIES:
a) Doe de olie, aardappelen, peper en rozemarijn in de Instant Pot.
b) "Sauté" gedurende 4 minuten onder voortdurend roeren.
c) Voeg alle overige ingrediënten toe aan de Instant Pot.
d) Sluit het deksel en selecteer de functie "Handmatig" gedurende 6 minuten met hoge druk.
e) Voer een snelle ontgrendeling uit na de piep en verwijder vervolgens het deksel.
f) Even roeren en warm serveren.

91. Aubergines in Aziatische stijl

INGREDIËNTEN:
- 1 pond aubergines, in plakjes gesneden
- 2 Eetlepels suikervrije sojasaus
- 6 Eetlepels sesamolie
- 1 Eetlepel sesamzaadjes voor erbij
- Zout en peper naar smaak

INSTRUCTIES:

a) Verwarm uw Airfryer- machine voor op 185 graden F

b) Doe alle ingrediënten in de vacuümzak.

c) Sluit de zak, plaats hem in het waterbad en stel de timer in op 50 minuten.

d) Als de tijd om is, bak je de aubergines een paar minuten in een gietijzeren koekenpan.

e) Serveer onmiddellijk bestrooid met sesamzaadjes.

92. Pittige groene bonen in Chinese stijl

INGREDIËNTEN:
- 1 pond lange sperziebonen
- 2 Eetlepels chilisaus
- 2 teentjes knoflook, fijngehakt
- 1 Eetlepels uienpoeder
- 1 Eetlepel sesamolie
- Zout naar smaak
- 2 Eetlepels sesamzaadjes voor erbij

INSTRUCTIES:
a) Verwarm uw Airfryer- machine voor op 185 graden F.
b) Doe de ingrediënten in de vacuümzak.
c) Sluit de zak, plaats hem in het waterbad en stel de timer in op 1 uur.
d) Bestrooi de bonen met sesamzaadjes en serveer.

93.Mix van gekruide aubergines en courgettes

INGREDIËNTEN:
- 1 aubergine; grofweg in blokjes gesneden
- 3 courgettes; grofweg in blokjes gesneden
- 2 Eetlepels citroensap
- 1 theelepel tijm; droog
- Zout en zwarte peper naar smaak
- 1 theelepel oregano; droog
- 3 Eetlepels olijfolie

INSTRUCTIES:
a) Doe de aubergine in een schaal die in uw airfryer past, voeg courgettes, citroensap, zout, peper, tijm, oregano en olijfolie toe, meng, doe het in uw airfryer en kook op 360° F, gedurende 8 minuten
b) Verdeel over borden en serveer meteen.

94.Gekookte Bok Choy

INGREDIËNTEN:
- 1 teentje knoflook, geplet
- 1 bos paksoi, bijgesneden
- 1 kopje of meer water
- Zout en peper naar smaak

INSTRUCTIES:
a) Voeg het water, de knoflook en paksoi toe aan de Instant Pot.
b) Sluit het deksel en selecteer de functie "Handmatig" gedurende 7 minuten onder hoge druk.
c) Na de piep maakt u een snelle ontgrendeling en verwijdert u het deksel.
d) Zeef de gekookte paksoi en doe deze op een schaal.
e) Strooi er wat zout en peper over.
f) Dienen.

NAGERECHT

95. Fruit crumble

INGREDIËNTEN:
- 1 middelgrote appel, in fijne blokjes gesneden
- 1/2 kopje bevroren bosbessen, aardbeien of perziken
- 1/4 kop plus 1 eetlepel bruine rijstmeel
- 2 eetlepels suiker
- 1/2 theelepel gemalen kaneel
- 2 eetlepels zuivelvrije boter

INSTRUCTIES:
a) Verwarm de airfryer gedurende 5 minuten voor op 350 ° F.
b) Combineer de appel en de bevroren bosbessen in een airfryer-veilige bakvorm of schaal.
c) Meng de bloem, suiker, kaneel en boter in een kleine kom. Schep het bloemmengsel over het fruit.
d) Strooi een beetje extra bloem over alles om eventueel zichtbaar fruit te bedekken.
e) Kook op 350 ° F gedurende 15 minuten.

96.Fruitgebakzakken

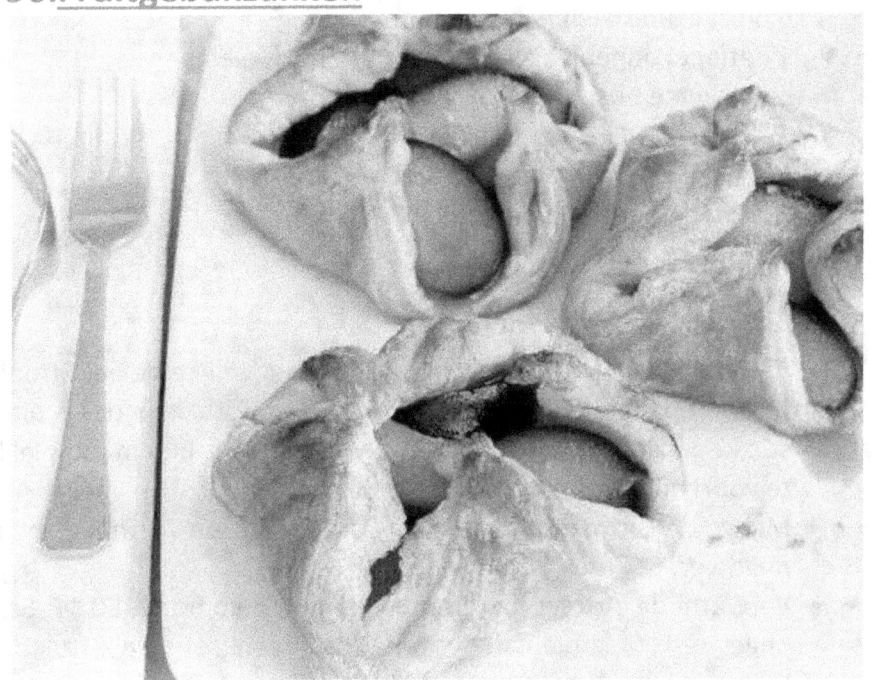

INGREDIËNTEN:
- 4 ons veganistisch halvemaanbrooddeeg
- 1 eetlepel ongebleekte bloem voor alle doeleinden
- 6 ons verse bosbessen, aardbeien of bramen
- 1/2 theelepel kristalsuiker
- 1/4 theelepel gemalen kardemom
- 1/4 theelepel gemalen gember
- 1 theelepel poedersuiker

INSTRUCTIES:
a) Verdeel het halvemaanvormige deeg in 4 gelijke delen. Strooi de bloem op een werkoppervlak en rol de stukken deeg uit tot stukken van 5 x 5 inch, gebruik zo nodig meer bloem om plakken te voorkomen.
b) Meng de bosbessen, suiker, kardemom en gember in een middelgrote kom.
c) Verwarm de airfryer gedurende 4 minuten voor op 360 ° F. Schep ongeveer 1/3 kopje van het bosbessenmengsel op elk stuk deeg. Vouw elke hoek naar het midden.
d) Bewerk de randen van het deeg om ervoor te zorgen dat het goed gesloten is; het zal op een zak lijken. Kook op 360 ° F gedurende 6 tot 7 minuten, of tot ze goudbruin zijn.
e) Strooi voor het serveren de poedersuiker over de deegzakjes.

97. Gebakken Appels

INGREDIËNTEN:
- 1/2 kop gerolde haver
- 1 theelepel bruine suiker
- 1 eetlepel zuivelvrije boter, verzacht
- 1 eetlepel grof gehakte pecannoten
- 1 theelepel gemalen kaneel
- 4 grote Granny Smith of andere bakappels, zonder klokhuis

INSTRUCTIES:
a) Verwarm de airfryer gedurende 5 minuten voor op 360 ° F.
b) Meng in een kleine kom de haver, bruine suiker, boter, pecannoten en kaneel.
c) Vul de appels met een kleine lepel met het havermengsel. Kook op 360 ° F gedurende 20 tot 25 minuten.

98. Gekarameliseerde topping van fruit en noten

INGREDIËNTEN:
- 1 theelepel suiker
- 1 theelepel lichte agavesiroop
- 1 theelepel zuivelvrije boter
- 1/2 kop grof gehakte walnoten
- 1/2 kop grof gehakte pecannoten
- 1/2 kopje grofgehakte gedroogde abrikozen, kersen, veenbessen of rozijnen
- 1/4 theelepel gemalen kaneel

INSTRUCTIES:
a) Combineer de suiker, agavesiroop en boter in een bakvorm die geschikt is voor de airfryer.
b) Verwarm de pan in de airfryer gedurende 2 minuten op 360°F. Haal uit de airfryer.
c) Voeg de walnoten, pecannoten, abrikozen en kaneel toe. Gooi om te coaten. Plaats de pan terug in de mand van de airfryer.
d) Kook op 390°F gedurende 5 minuten, roer gedurende 3 minuten.

99.Gebakken Ginger-O's

INGREDIËNTEN:
- 3/4 kop veganistische instant-pannenkoekmix
- 2/3 kopje water
- 1/4 kopje sojameel
- 1/8 theelepel vanille-extract
- 1/2 theelepel suiker
- 8 Newman's Own Ginger-O's sandwichkoekjes

INSTRUCTIES:
a) Verwarm de airfryer gedurende 5 minuten voor op 390 ° F. Plaats een stuk bakpapier in de mand van de airfryer; net genoeg om de bodem te bedekken en zonder overtollig materiaal bloot te leggen.
b) Meng in een grote kom de pannenkoekmix, het water, het sojameel, de vanille en de suiker en klop goed.
c) Doop de koekjes één voor één met een tang in het beslag. Schud het overtollige beslag eraf en doe de koekjes in de mand van de airfryer. Het kan zijn dat je dit in batches moet doen, afhankelijk van de grootte van je airfryer.
d) Kook op 390 ° F gedurende 5 minuten. Draai de koekjes om en verwijder het bakpapier. Kook nog 2 tot 3 minuten. De koekjes zijn gaar als ze goudbruin zijn.

100.Taquito's met appeltaart

INGREDIËNTEN:
- 2 tot 3 sprieten canola-olie
- 1/4 kop appeltaartvulling of dikke appelmoes (volgt)
- 2 (15 cm) maïstortilla's
- 1 theelepel gemalen kaneel, verdeeld

INSTRUCTIES:
a) Bestrijk de mand van de airfryer met de olie.
b) Verdeel 2 eetlepels taartvulling op 1 tortilla. Rol de tortilla op en plaats deze in de mand van de airfryer.
c) Herhaal dit proces om de tweede taquito te maken. Sprenkel nog wat olie op de bovenkant van de tortilla's. Strooi 1/2 theelepel kaneel over de taquito's.
d) Kook op 390 ° F gedurende 4 minuten. Draai de taquito's om, strooi de resterende 1/2 theelepel kaneel over de taquito's en kook nog 1 minuut.

CONCLUSIE

Nu we onze heerlijke reis door "Het ultieme veganistische luchtfriteusekookboek" afsluiten, hopen we dat je het plezier hebt ervaren van het maken van snelle en gemakkelijke, gezonde veganistische maaltijden met het gemak van je luchtfriteuse. Elk recept op deze pagina's is een eerbetoon aan plantaardige goedheid, efficiëntie en de heerlijke mogelijkheden die de airfryer in uw keuken brengt — een bewijs van de gezondheidsbewuste en smaakvolle geneugten van veganistisch koken.

Of je nu hebt genoten van de eenvoud van luchtgebakken groenten, de innovatie van plantaardige hamburgers hebt omarmd, of verrukt bent van schuldvrije luchtgebakken desserts, wij vertrouwen erop dat deze recepten je passie voor veganistische luchtgebakken gerechten hebben aangewakkerd. Moge het concept van het ultieme veganistische airfryer-kookboek, afgezien van de ingrediënten en technieken, een bron van inspiratie, efficiëntie en een viering van de vreugde worden die gepaard gaat met elke voedzame en smaakvolle creatie.

Terwijl je de wereld van veganistisch luchtgebakken koken blijft verkennen, mag "Het perfecte kookboek voor een veganistische friteuse" je vertrouwde metgezel zijn, die je door een verscheidenheid aan recepten leidt die de eenvoud en gezondheid van de plantaardige keuken laten zien. Hier is het genieten van snelle en gemakkelijke, gezonde veganistische maaltijden, het creëren van culinaire meesterwerken en het omarmen van de verrukkingen die bij elk luchtgebakken genot horen. Eet smakelijk!

www.ingramcontent.com/pod-product-compliance
Lightning Source LLC
Chambersburg PA
CBHW050159130526
44591CB00034B/1395